DIALOGUES

ENTRE

HYLAS ET PHILONOUS.

a

DIALOGUES

ENTRE

HYLAS ET PHILONOUS,

DONT LE BUT EST

DE DÉMONTRER CLAIREMENT

La réalité & la perfection de l'entendement humain,

La nature incorporelle de l'ame,

Et la providence immédiate de la Divinité;

CONTRE

LES SCEPTIQUES ET LES ATHÉES,

Et d'ouvrir une méthode pour rendre les Sciences plus aisées, plus utiles, & plus abrégées;

Par GEORGES BERKELEY, Associé au Collége de la Trinité à Dublin, & pourvu depuis par S. M. B. de l'Evêché de Cloane.

TRADUIT DE L'ANGLOIS.

A AMSTERDAM.

M. DCC. L.

DIALOGUES

ENTRE

EUDAS ET DESIDERIUS,

DONT-LE BUT EST,

DE DÉMONTRER CLAIREMENT

COMME

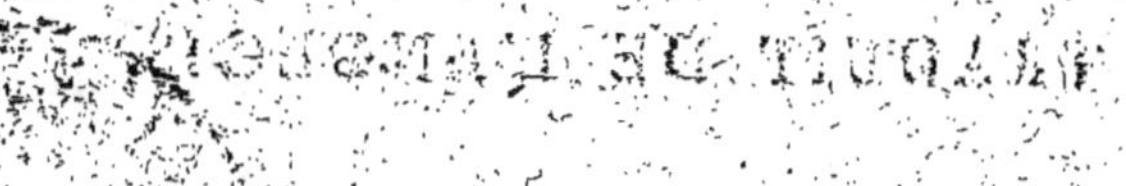

TRADUIT DE L'ANGLOIS

A AMSTERDAM

PRÉFACE

PAR L'AUTEUR.

QUOIQUE les hommes conviennent unanimement que la Spéculation doit toujours avoir pour but la pratique, ou qu'il faut la rapporter constamment à la perfection & à la regle de nos mœurs & de nos actions, & bien qu'il paroisse d'un autre côté, que tel est le dessein de la nature & de la providence ; ceux qui s'occupent le plus des études spéculatives, semblent néanmoins être généralement d'un sentiment différent. En effet, si nous considérons les peines qu'on a prifes pour obfcurcir les chofes les plus claires, cette méfiance des fens, ces doutes & ces fcrupules, ces abftractions & ces raffinemens qu'on nous préfente à l'entrée même des Sciences; nous ne regarderons pas comme une chofe étrange, que beaucoup de gens qui ont du loifir & de la curiofité, s'arrêtent dès les premiers pas qu'ils font, à des recherches infructueufes, fans defcendre jufqu'aux parties pratiques, qui pourroient feules les diriger dans la conduite de leur vie; c'eft-à-dire, fans penfer à acquérir les plus néceffaires & les plus importantes de toutes les connoiffances.

Dans les principes ordinaires des

Philosophes , les perceptions que nous avons des chofes ne fuffifent pas pour nous affurer de leur exif- tence. On nous enfeigne à diftinguer leur nature réelle de celle qui tombe fous les fens : delà le Scepticifme & les Paradoxes.

Ce n'eft pas affez que nous voyons , que nous touchions , que nous goûtions , & que nous fentions une chofe ; fa vraie nature, fon en- tité abfolue & extérieure à l'efprit , nous eft alors même cachée. Il eft vrai que cette prétendue vraie na- ture n'eft rien de plus qu'une fiction de l'imagination : mais c'en eft une qu'on a rendue inacceffible à toutes les autres facultés de l'ame. Les fens

font trompeurs; la raifon défectueu-
fe: on paffe la vie à douter de chofes
dont le commun des hommes apperçoit évidemment la vérité, ou
bien à en croire dont il ne fait que
rire, ou qu'il fe contente même de
méprifer.

Pour détourner l'application de
l'efprit humain, de recherches fi
vaines, il m'a donc paru néceffaire
de remonter jufqu'à la fource de
tant d'incertitudes, & d'établir, s'il
étoit poffible, des principes qui,
par leur évidence & par le jour
qu'ils répandroient dans un pareil
cahos, fe fiffent aifément reconnoître pour vrais, & fuffent propres
en même-temps à nous retirer de ces

diſcuſſions ſans fin où nous nous trouvons malheureuſement engagés; ce qui, joint à une démonſtration ſans replique, tant de la providence immédiate d'un Dieu à qui rien n'eſt caché, que de l'immortalité natu-relle de l'ame, ſemble être tout à la fois la meilleure préparation & le motif le plus puiſſant qu'on puiſſe offrir aux hommes pour leur faciliter l'étude & la pratique de la vertu.

Je communiquai ce deſſein au Public en 1710, dans la premiere partie que je donnai alors d'un Ou-vrage que j'ai compoſé ſur les prin-cipes de l'entendement humain; & avant que de publier la ſeconde partie de ce même Ouvrage, j'ai cru qu'il étoit à propos de traiter plus clairement, & plus au long, de quelques principes que j'avois établis dans la premiere, & de les mettre dans un nouveau jour. C'est-là l'objet de ces Dialogues.

Je n'y suppose au Lecteur aucune connoissance de rien de ce que j'ai dit dans le Traité précédent ; & je préfere, d'un autre côté, d'y présenter mes sentimens sous la forme du Dialogue, c'est-à-dire, de la maniere la plus familiere & la plus propre à les faire saisir aisément ; attendu surtout que ces mêmes sentimens sont fort opposés aux préjugés des Philosophes, lesquels ont si long-temps prévalu contre le simple bon fens, & les notions les plus communes.

Si l'on admet pour vrais les principes que je vais tâcher de répandre parmi les hommes, les conféquences qui, à mon avis, s'enfuivront immédiatement delà, feront que l'Athéifme & le Scepticifme tomberont totalement, que plufieurs points embarraffans & obfcurs fe trouveront éclaircis, que de grandes difficultés feront réfolues, que plufieurs parties inutiles des Sciences en feront retranchées, que la fpéculation fera déformais relative à la pratique, & que les hommes feront ramenés des Paradoxes au bon fens.

Et quoique ce puisse être, une réflexion mortifiante pour des personnes qui auroient jusqu'ici adopté aveuglément les notions raffinées & extraordinaires dont je parle, qu'il faille enfin en revenir à penser comme les autres ; il me semble cependant que le retour aux simples leçons de la nature, après avoir erré longtemps dans les labyrinthes sauvages de la Philosophie, devra aussi avoir quelque chose de propre à leur plaire. Ce sera une situation semblable à celle d'un homme qui a enfin regagné sa patrie après un long voyage. Il réfléchit avec plaisir sur les embarras & les dangers d'où il s'est tiré ; il met son cœur à l'aise, & il jouit dans la suite de soi-même avec plus de satisfaction.

Comme je me proposois pour but de convaincre par la voïe du raisonnement, les Sceptiques & les Athées, j'ai tâché, par cette raison, d'observer étroitement les loix les plus rigoureuses de la Dialectique; & j'espere en conséquence que ce sera dorénavant une chose évidente pour tout Lecteur impartial, que la connoissance sublime d'un Dieu, & l'attente si consolante de l'immortalité, se présentent d'elles-mêmes à l'esprit, lorsqu'il s'applique avec assez d'attention & de méthode; quelles que puissent être les conclusions où aboutit cette maniere de penser vague &

fans fuite, qu'on a nommée bien plus à propos libertinage d'efprit que liberté de penfer, puifqu'elle n'eft propre qu'à certains libertins en fait de raifonnement, gens à qui la févérité d'une bonne Logique n'eft pas moins redoutable que celle de la Religion ou celle du Gouvernement.

Peut-être qu'on reprochera à mon plan, qu'en tant qu'il a pour objet de dégager l'efprit de recherches vaines & difficiles, il ne peut intéreffer qu'un petit nombre de perfonnes fpéculatives : mais fi en dirigeant, par fon fecours, les fpéculations de ces mêmes perfonnes d'une maniere convenable, je puis, dans la fuite, venir à bout de mettre plus à la mode,

parmi les gens de génie & de talent,
l'étude de la morale & de la loi de
la nature, de lever ces doutes qui
conduisoient au Scepticisme , de
marquer exactement les bornes qui
séparent le bon du mauvais , & de
réduire les principes du droit naturel
& de la Religion, en un système
aussi suivi & aussi-bien lié que celui
de telle autre Science que ce puisse
être ; il y aura alors lieu de penser,
non-seulement que cet Ouvrage aura
beaucoup contribué à rétablir dans
le monde le sentiment de la vertu
qui en a, de nos jours, presqu'entiérement disparu ; mais encore qu'en
me fournissant les moyens de montrer que les points de la révélation,
qui sont à portée de la recherche de

l'homme, font très-conformes à la droite raifon, il aura pu difpofer toutes les perfonnes fages & dépouillées de préventions, à ne juger qu'avec circonfpection & avec refpect de ces Myfteres facrés qui font au-deffus de la fphere de nos facultés. *

Il me refte à prier les Lecteurs qui ne goûteroient pas d'abord ces Dialogues, de fufpendre leur cenfure jufqu'à ce qu'ils les aient lus en entier ; fans quoi il pourroit leur arriver, mal-à-propos, de les laiffer là, ou faute d'avoir bien pris mon idée,

---

* L'Auteur avoit vraifemblablement en vue dans cet endroit, l'Ouvrage qu'il a donné depuis fous le titre d'*Alcyphron* ou *Le Petit Philofophe*, & dont il a paru, il y a long-temps, une traduction en Hollande.

ou à raison de quelques objections qu'ils croiroient infolubles , & auxquelles il fe trouveroit néanmoins que j'aurois pleinement répondu dans la fuite. Pour bien comprendre le deffein d'un Traité de cette nature , les preuves & les folutions de difficultés qu'il renferme, la liaifon, l'ordre & les rapports de fes différentes parties , il faut l'avoir lu en entier, & avec une attention fuivie ; & fi l'on croit après cela qu'il mérite une feconde lecture , je m'imagine que ce fera le vrai moyen d'en prendre parfaitement l'efprit , & d'en entendre clairement le fyftême total. On pourra, au refte, pour y réuffir plus facilement , avoir recours à un

essai sur la vision que j'ai écrit, il y a
quelques années, ainsi qu'à la partie
qui a déjà paru de mon Traité sur
les Principes de l'entendement humain; car j'ai poussé plus loin, & j'ai
présenté d'une maniere plus lumi-
neuse, dans l'un & dans l'autre de
ces Ouvrages, quelques pensées que
je me contente de proposer simple-
ment ici; en même-temps, que j'y
ai touché d'autres points qui tendent
naturellement à les confirmer ou à
les éclaircir.

SUJETS
DES DIALOGUES.

PREMIER DIALOGUE.

L'Auteur expose dans ce premier Dialogue, le sentiment du Vulgaire & celui des Philosophes, sur les qualités secondaires & premieres, la nature & l'existence des corps ; & il prétend prouver en même-temps l'insuffisance de l'un & de l'autre.

SECOND DIALOGUE.

Ce second Dialogue est employé à exposer le sentiment de l'Auteur sur le même sujet, savoir, que les choses corporelles ont une existence réelle dans les esprits qui les apperçoivent; mais qu'elles ne sauroient exister hors de tous les esprits à la fois, même de l'esprit infini de Dieu; & que par conséquent la Matière, prise suivant l'acception ordinaire du mot, non-seulement n'existe point, mais seroit même absolument impossible.

TROISIEME DIALOGUE.

L'objet de ce troisieme Dialogue est de répondre aux difficultés auxquelles le sentiment qu'on a établi dans les Dialogues précédens, peut être sujet ; de l'éclaircir en cette sorte de plus en plus, d'en développer toutes les heureuses conséquences ; enfin, de faire voir, qu'étant bien entendu, il revient aux notions les plus communes. L'Auteur exprime à la fin du Livre cette derniere pensée, en comparant ce qu'il vient de dire, à l'eau que les deux Interlocuteurs sont supposés voir jaillir d'un jet, & qu'il remarque que la même force de la gravité fait élever jusqu'à une certaine hauteur, & retomber ensuite dans le baſſin d'où elle étoit d'abord partie.

PREMIER

PREMIER
DIALOGUE.

———✦———

PHILONOUS. Bon jour, *Hylas* ; je ne m'attendois pas à vous trouver hors de chez vous de ſi bonne-heure.

Hylas. Il eſt vrai que c'eſt une choſe un peu extraordinaire ; mais mon eſprit eſt ſi occupé d'un ſujet dont je me ſuis entretenu hier au ſoir, que n'ayant pu dormir de la nuit, j'ai pris le parti de me lever, & de venir jouir du plaiſir de la promenade.

Phil. Vous ne pouviez rien faire de mieux. C'eſt le moyen de vous appercevoir

A

des plaiſirs innocens & délicieux que vous perdez tous les matins. Eſt-il dans le jour un moment plus agréable, & l'année offre-t-elle une ſaiſon plus charmante ? Ce ciel de pourpre, les accens tout à la fois ſauvages & touchans, que les oiſeaux font entendre, l'odeur ſuave que répandent les arbres & les fleurs, la douce influence du ſoleil levant, ces beautés de la nature, & mille autres qu'on ne ſauroit décrire, inſpirent à l'eſprit de ſecrets tranſports ; & c'eſt ſurtout alors, que nos facultés, pour ainſi dire fraîches & revivifiées, ſont propres à ces méditations auxquelles la ſolitude d'un jardin & la tranquillité du matin nous diſpoſent naturellement. Mais j'appréhende de vous interrompre ; car vous me paroiſſez fort appliqué à quelque choſe.

Hylas. Il eſt vrai que je le ſuis, & je vous aurai obligation de me permettre de ſuivre la même veine d'idées. Non que je conſentiſſe en aucune ſorte à me priver de votre compagnie. Mes penſées coulent au contraire plus librement quand je converfe avec un ami, que quand je fuis feul. Tout ce que je vous demande, c'eft de fouffrir que je vous faffe part de mes réflexions.

Phil. Avec grand plaifir : je vous en aurois prié moi-même, fi vous ne m'aviez prévenu.

Hylas. Je méditois fur le fatal aveuglement de ces hommes, dont tous les âges nous fourniffent des exemples, & qui, foit par une affectation de fe diftinguer du vulgaire, foit par un tour d'efprit dont il feroit impoffible de rendre raifon, ont prétendu ou ne devoir rien croire du tout, ou devoir ajouter foi aux opinions les plus extravagantes. Ce feroit une chofe qu'on pourroit leur paffer, fi de pareils Paradoxes & un pareil Scepticifme n'entraînoient quelquefois après eux des conféquences pernicieufes à tous égards au genre humain. Mais le mal eft que, lorfque des gens qui ont moins de loifir, voient ceux qu'ils fuppofent avoir paffé tout leur temps à acquérir des connoiffances, faire profeffion d'une ignorance profondé de toutes choses , ou avancer des propofitions qui répugnent aux principes les plus clairs & les plus univerfellement reçus , ils font tentés dès-lors de former des doutes fur des vérités importantes , même fur celles qu'ils avoient regardées jufqu'à ce temps-là comme facrées & incontestables.

Phil. Je reconnois fans peine avec vous tout le danger des doutes affectés de quelques Philofophes, & des fentimens bizarres de quelques autres. Je me fuis même fi fort éloigné depuis quelque temps des manieres de penfer des uns & des autres, que j'ai entiérement abandonné plufieurs de ces notions fublimes que j'avois puifées dans leur école, comme en échange des opinions vulgaires ; & je vous avoue que depuis ce retour des notions métaphyfiques aux préceptes clairs & fimples de la nature & de ce qu'on appelle le fens commun, je me trouve merveilleufement éclairé , & je fuis en état de comprendre facilement un grand nombre de chofes qui me paroiſſoient auparavant comme autant de myſteres & autant d'énigmes.

Hylas. Je ſuis charmé de voir qu'il n'y ait rien de vrai à ce que j'ai entendu dire de vous.

Phil. Et que vous en a-t-on dit, s'il vous plaît ?

Hylas. On vous donna hier au ſoir dans une compagnie où j'étois, pour quelqu'un qui ſoutient l'opinion la plus extravagante qui puiſſe jamais entrer dans l'eſprit d'un homme. Vous prétendez, diſoit-on, qu'il n'y a point de ſubſtances matérielles dans le monde.

Phil. Je ſuis ſérieuſement perſuadé qu'il n'exiſte dans le monde rien de pareil à ce que les Philoſophes appellent des *ſubſtances matérielles.* Mais ſi l'on me faiſoit voir qu'il y eût en cela la moindre choſe d'abſurde, ou qui tirât au Scepticiſme, j'aurois dès-lors autant de raiſon de renoncer à ce ſentiment, que je penſe en avoir maintenant de rejetter l'opinion contraire.

Hylas. Hé quoi ! Pouvez - vous donc

imaginer rien de plus bizarre, rien qui répugne davantage aux notions les plus communes; en un mot, un trait de Scepticifme plus marqué ou plus manifefte, que de croire qu'il n'y a point de *matiere*.

Phil. Doucement, mon cher Hylas! Que feroit-ce donc, fi je vous prouvois que vous, qui prétendez qu'il y en a, vous êtes, en vertu de cette opinion, un plus grand *Sceptique*, & vous foutenez plus de Paradoxes & d'abfurdités, que moi qui crois qu'il n'y en a point?

Hylas. Il vous feroit auffi facile de me faire croire qu'une partie feroit plus grande que fon tout, que de me perfuader que, pour éviter de tomber dans l'abfurdité & le Scepticifme, il me faudroit changer d'avis fur l'exiftence de la matiere.

Phil. Hé bien donc! Conviendrez-vous d'admettre pour vraie, dans la queftion qui fe préfente, l'opinion qui, après un mûr examen, vous paroîtra la plus conforme à la raifon, & la plus éloignée du Scepticifme?

Hylas. De tout mon cœur. Puisqu'il vous plaît de mettre en problême les choses les plus claires, je serai charmé d'apprendre une bonne fois ce que vous pourrez avoir à me dire là-dessus.

Phil. Je vous prie, *Hylas*, qu'entendez-vous par un Sceptique ?

Hylas. J'entends par-là ce que tout le monde entend, un homme qui doute de tout.

Phil. Ainsi celui qui n'a aucun doute sur un point particulier, ne sauroit être regardé comme Sceptique sur ce point.

Hylas. J'en conviens.

Phil. Douter, seroit-ce embrasser dans une question, ou l'affirmative, ou la négative.

Hylas. C'est n'embrasser ni l'une ni l'autre ; & il ne faut qu'entendre le François pour savoir que c'est au contraire rester en suspens entre les deux.

Phil. Celui qui nie une chose, ne doit donc pas plutôt être dit en douter, que celui qui l'affirme avec le même degré de confiance.

A iv

Hylas. Cela est certain.

Phil. Et par conséquent il ne doit pas plus être envisagé comme Sceptique, pour avoir nié cette chose, que s'il l'avoit affirmée.

Hylas. J'en tombe d'accord.

Phil. Pourquoi donc, *Hylas*, me taxez-vous d'être *Sceptique*, sur cette seule raison, que je nie ce que vous affirmez, je veux dire, l'existence de la matiere, vu surtout que, quoique vous puissiez dire, je ne suis pas moins décidé pour la négative, que vous pour l'affirmative.

Hylas. Arrêtez, *Philonoüs*. Je me suis un peu trop avancé dans ma définition : mais vous auriez tort de prétendre tirer avantage d'une fausse démarche, que je puis avoir faite imprudemment. J'ai dit que le Sceptique est celui qui doute de tout, & j'aurois dû ajouter, ou bien qui nie la vérité ou la réalité des choses.

Phil. Et de quelles choses parlez-vous, s'il vous plaît ? Seroit-ce des principes & des théoremes des sciences ? Mais vous savez que ces théoremes & ces principes

font des chofes univerfelles , intellectuel-
les , & par conféquent indépendantes de
là matiere. Nier la matiere , ce n'eft donc
pas nier ces chofes-là.

Hylas. D'accord; mais n'y a-t-il point
d'autres chofes que celles-là? Que penfez-
vous que ce foit , que fe défier des fens ,
que nier l'exiftence des chofes fenfibles ,
& foutenir que nous n'avons aucune
connoiffance de ces différentes chofes ?
N'en eft-ce pas affez de cela pour faire
appeller quelqu'un *Sceptique ?*

Phil. Examinons donc lequel de nous deux
doit nier là réalité des chofes fenfibles,
ou faire profeffion d'une plus grande ignorance fur ce fujet ; car fi je vous ai bien entendu, ce fera celui-là qu'il faudra regarder
comme le plus *Sceptique* des deux.

Hylas. Je ne demande pas mieux.

Phil. Qu'entendez-vous par chofes *fenfibles ?*

Hylas. Les chofes que nous appercevons
par les fens. Pourriez-vous donc imaginer
que j'entendiffe autre chofe par ces mots?

A v.

Phil. Pardonnez-moi, *Hylas*, si je m'attache à prendre bien le sens des notions
que vous avez dans l'esprit. Je ne le fais
qu'à cause que c'est le meilleur moyen
d'abréger la recherche que nous nous pro-
posons. Souffrez donc que je vous fasse
encore cette question : N'appercevons-
nous par les sens que les seules choses que
nous appercevons immédiatement ? ou
bien pourroit-on nommer proprement sensibles, les choses que nous appercevons
médiatement, c'est-à-dire, sans que nous
puissions nous passer pour cela de l'inter-
vention de quelques autres choses ?

Hylas. Je ne vous entends pas assez bien
pour vous répondre.

Phil. Ce que j'apperçois immédiatement
lorsque je lis un Livre, ce sont les lettres
qui y sont tracées ; mais les notions de
Dieu, de *la vertu*, de *la vérité*, &c., sont
alors l'objet médiat de ma perception, ou
sont réveillées dans mon esprit par le
moyen des lettres. Or que les lettres soient
effectivement des choses sensibles ou ap-

perçues par mes sens, c'est ce dont personne ne sauroit douter : mais je voudrois savoir, si vous ne prendriez pas aussi pour sensibles les choses dont celles-ci réveillent l'idée en moi.

Hylas. Non certainement, ce seroit une absurdité que de penser que *Dieu* ou *la vertu* fussent des choses sensibles, bien que l'un & l'autre de ces deux objets puissent être représentés à l'esprit par des signes sensibles, avec lesquels ils ont une connexion arbitraire.

Phil. Il semble donc que par *choses sensibles*, vous n'entendez que les seules choses qui peuvent être apperçues immédiatement par les sens.

Hylas. Fort bien.

Phil. Et ne s'ensuit-il pas delà que lorsque je vois une partie du ciel rouge & une autre bleue, & qu'en faisant usage de ma raison, je juge qu'il doit y avoir quelque cause de cette diversité de couleur, cette cause ne sauroit être dite une chose sensible ou apperçue par le sens de la vue.

Hylas. Elle ne le sauroit.

Phil. Et de la même maniere, lorsque j'entends une variété de sons, on ne peut dire que j'entende la cause de ces sons.

Hylas. On ne le peut.

Phil. Et lorsque j'apperçois par le moyen du toucher qu'une chose est chaude ou pesante, on ne peut dire non plus avec vérité, ni proprement, que je sente la cause de sa chaleur ou de son poids.

Hylas. Pour que vous n'ayez plus de questions de ce genre à me faire, je vous dis une fois pour toutes, que par *choses sensibles*, j'entends seulement celles qui sont apperçues par les sens, & que dans le vrai les sens n'apperçoivent rien qu'ils n'apperçoivent immédiatement. En effet, ils ne sauroient faire des inductions, & il n'appartient qu'à la raison de remonter des effets & des apparences aux causes & aux occasions, à quoi se borne tout ce que les sens apperçoivent.

Phil. Nous convenons donc ensemble de ce point, que *les choses sensibles sont* celles-là seules que les sens apperçoivent immédiatement. Je vous prie de me dire de plus, si nous appercevons par la vue autre chose que la lumiere, les couleurs & les figures; par l'ouie, autre chose que les sons; par l'organe du palais, autre chose que le goût; par l'odorat, autre chose que les odeurs; enfin, par le toucher, autre chose que les qualités tactiles.

Hylas. Non sans doute.

Phil. Il semble donc que si nous pouvions venir à bout de séparer des objets leurs qualités sensibles, il n'y resteroit plus rien de sensible.

Hylas. J'en conviens.

Phil. Les choses sensibles ne sont donc rien de plus que des qualités sensibles, ou des combinaisons de qualités sensibles.

Hylas. Rien de plus.

Phil. Et la chaleur est par conséquent une chose sensible ?

Hylas. Sans contredit.

Phil. La réalité des choses sensibles consiste-t-elle dans la qualité qu'elles ont d'être

apperçues ; ou bien y auroit-il en elles
quelque chose qui différât de la qualité
qu'elles ont d'être apperçues, ou qui ne se
rapportât point à l'esprit qui les apperçoit ?

Hylas. Exister est une chose, & être
apperçu en est une autre.

Phil. Je ne parle ici que des choses sensibles, & je vous demande si par leur existence réelle, vous entendez une substance
extérieure à l'esprit, & qui emporte autre
chose que la qualité d'être apperçu ?

Hylas. J'entends par-là quelque chose
de réel & d'absolu, qui differe sans doute
de la qualité d'être apperçu, & qui ne se
rapporte en aucune maniere aux perceptions
que des esprits peuvent avoir.

Phil. Si l'on donne à la chaleur une existence réelle, il faudra donc dès-lors que la
chaleur existe hors de l'esprit ?

Hylas. Il le faudra.

Phil. Dites-moi, *Hylas*, cette existence
réelle conviendra-t-elle également à tous
les degrés de chaleur ? ou y auroit-il quelque raison pour nous la faire attribuer à

quelques degrés de chaleur & refuser à d'autres : & s'il y avoit quelque raison pour cela, voudriez-vous bien me la faire connoître ?

Hylas. Tout degré de chaleur que nous appercevons par les sens, exiſte indubitablement dans l'objet qui en occaſionne en nous la perception, tel que nous l'appercevons.

Phil. Quoi ! le plus grand auſſi-bien que le plus petit ?

Hylas. Je penſe qu'il n'y a, à cet égard, aucune raiſon de différence entre le plus grand degré de chaleur & le plus petit. En effet, ces deux degrés ne ſont pas moins apperçus l'un que l'autre par les ſens. Il eſt vrai qu'on ſent plus vivement le plus grand ; mais toute la différence que cela produit entre les deux, c'eſt qu'on eſt plus certain de l'exiſtence réelle du plus grand, qu'on ne l'eſt de celle du plus petit.

Phil. Mais le degré le plus violent & le plus intenſe de chaleur, n'eſt-il pas une très-grande douleur ?

Hylas. Perſonne ne le peut nier.

Phil. Et une chose qui n'est pas douée de la faculté d'appercevoir, peut-elle être susceptible de douleur ou de plaisir ?

Hylas. Non sans doute.

Phil. Votre substance matérielle n'est-elle pas un être destitué de sentiment ? ou prétendriez-vous que ce fût un être doué de la faculté de sentir & d'appercevoir ?

Hylas. Elle est sans contredit destituée de sentiment.

Phil. Ce ne peut donc être un sujet susceptible de douleur ?

Hylas. Nullement.

Phil. Ni par conséquent du plus grand degré de chaleur que les sens apperçoivent ; puisque vous reconnoissez que ce degré de chaleur est une grande douleur ?

Hylas. J'en tombe d'accord.

Phil. Que devons-nous donc penser de l'objet extérieur dont vous parlez ? Sera-ce une substance matérielle, ou n'en sera-ce pas une ?

Hylas. Ce sera une substance matérielle revêtue de qualités sensibles qui y seront inhérentes.

Phil. Comment donc un grand degré de chaleur pourra-t-il y exifter, puifque vous avouez que ce degré de chaleur ne fauroit exifter dans une fubftance matérielle ? Je vous prie de m'éclaircir ce point.

Hylas. Doucement, *Philonoüs.* Je crains d'avoir été trop vîte, lorfque je vous ai accordé qu'une chaleur intenfe fût une douleur. Il me paroît plutôt que la douleur eft quelque chofe de différent de la chaleur, & qu'elle n'en eft feulement que la fuite ou l'effet.

Phil. Lorfque vous approchez votre main du feu, ne recevez-vous par-là qu'une feule fenfation fimple & uniforme, ou en recevez-vous deux différentes ?

Hylas. Je n'en reçois qu'une feule, & qui eft fimple.

Phil. N'appercevez-vous pas immédiatement la chaleur ?

Hylas. Oui.

Phil. Et la douleur ?

Hylas. De même.

Phil. Mais puifque vous appercevez

immédiatement, & en même-temps l'une & l'autre, & que le feu ne vous affecte que d'une seule idée simple ou non composée, il s'enfuit delà que cette même idée simple, ou non composée, est tout à la fois la chaleur intense que vous appercevez immédiatement, & la douleur; & que par conséquent la chaleur intense que vous appercevez immédiatement, n'est point différente d'une espece particuliere de douleur.

Hylas. Il me semble que cela doit être ainsi.

Phil. Allons plus loin. Essayez en vous-même, *Hylas*, si vous pourriez vous représenter une sensation violente, qui ne fût point accompagnée de douleur ou de plaisir.

Hylas. Je ne le saurois.

Phil. Ou bien si vous pourriez vous former une idée de la douleur ou du plaisir sensible, en général, & abstraction faite de chaque idée particuliere de chaleur, de froid, de goût, d'odeur, &c.

Hylas. Je ne trouve pas non plus que je le puisse.

Phil. Et ne s'enfuit - il pas delà que la douleur fenfible ne diffère en rien de ces fenfations ou de ces idées, au moins fi on les fuppofe dans un degré intenfe ?

Hylas. Il n'eft pas poffible d'en difconvenir ; & pour avouer la vérité, je commence à foupçonner qu'un très-grand degré de chaleur ne peut exifter que dans l'efprit qui l'apperçoit.

Phil. Hé quoi ! feriez-vous donc dans l'état du doute *Sceptique*, fufpendu entre l'affirmative & la négative ?

Hylas. Je penfe pouvoir me décider pofitivement fur le point dont il s'agit ici. Une chaleur très-violente & douloureufe ne fauroit exifter hors de l'efprit.

Phil. Elle n'a donc point, felon vous, d'exiftence réelle ?

Hylas. Je l'avoue.

Phil. Seroit-il donc certain qu'il n'y a dans la Nature aucun corps réellement chaud ?

Hylas. Je n'ai point nié qu'il n'y eût de la chaleur réelle dans les corps. Tout ce que j'ai dit, c'eſt qu'il ne peut s'y trouver rien de ſemblable à une chaleur réelle intenſe.

Phil. Mais n'aviez-vous pas dit auparavant, que tous les degrés de chaleur ſont également réels, ou que ſi l'on peut imaginer quelque différence dans leur réalité, elle ne ſauroit conſiſter qu'en ce que nous ſommes plus certains de la réalité du plus grand, que de celle du plus petit ?

Hylas. Il eſt vrai ; mais cela venoit de ce que je ne faiſois pas attention à la raiſon qu'il y a pour mettre une différence entre ces degrés ; raiſon que j'apperçois clairement maintenant, & qui conſiſte en ce que la chaleur intenſe n'eſt rien de plus qu'une eſpece particuliere de ſenſation douloureuſe, & que la douleur ne peut exiſter que dans un être capable de perception ; d'où il s'enſuit qu'une chaleur intenſe ne ſauroit exiſter dans une ſubſtance corporelle & incapable de perception. Mais ce n'eſt pas de même un motif pour nier que la chaleur puiſſe exiſter dans une telle ſubſtance en un degré inférieur.

Phil. Mais comment pourrons - nous discerner ces degrés de chaleur, qui n'existeront que dans l'esprit, de ceux qui existeront hors de l'esprit ?

Hylas. Ce ne sera pas une chose difficile. Nous savons que la moindre douleur ne sauroit exister sans être apperçue. Tout degré de chaleur qui sera une douleur, n'existera donc que dans l'esprit. Et quant aux autres degrés de chaleur, rien ne nous obligera à en porter le même jugement.

Phil. Je pense que vous m'avez déjà accordé que tout être qui n'est point doué de perception, n'est point susceptible de plaisir, non plus que de douleur.

Hylas. J'en suis convenu.

Phil. Et la chaleur modérée, ou un degré de chaleur plus doux que celui qui nous incommode, n'est-ce pas un plaisir ?

Hylas. Que prétendez - vous conclure delà ?

Phil. Que la chaleur modérée ne sauroit par conséquent exister hors d'un esprit, ou bien, ce qui est la même chose, dans

une substance destituée de la faculté d'appercevoir , ou dans un corps.

Hylas. La conséquence me paroît juste.

Phil. Et si les degrés de chaleur qui ne
sont point douloureux ne peuvent , non
plus que ceux qui nous incommodent ,
exister autre part que dans une substance
pensante, n'aurons-nous pas raison de conclure delà que les corps extérieurs sont
absolument incapables de quelque degré
de chaleur que ce puisse être ?

Hylas. En examinant la chose plus mûrement , je ne vois pas qu'une chaleur
modérée soit un plaisir , avec la même
clarté que je vois qu'un grand degré de
chaleur est une douleur.

Phil. Je ne prétends pas que l'intensité
du plaisir que nous cause une chaleur modérée soit aussi grande que celle de la douleur que nous recevons d'une chaleur violente. Mais si vous m'accordez seulement
qu'une chaleur modérée soit un petit plaisir , il n'en faudra pas davantage pour que
ma conclusion soit bien tirée.

Hylas. J'appellerois plutôt la chaleur modérée une *indolence*. Il me paroît en effet que ce n'est rien de plus qu'une privation, soit de douleur, soit de plaisir ; & je me flatte que vous ne me contesterez pas qu'une pareille qualité, ou un pareil état ne puisse convenir à une substance destituée de la pensée.

Phil. Si vous êtes résolu de soutenir que la chaleur modérée n'est pas un plaisir, je ne sache d'autre moyen pour vous convaincre du sentiment contraire, que d'en appeller à vos propres sens. Mais que pensez-vous du froid ?

Hylas. J'en pense, à cet égard, la même chose que de la chaleur. Un degré intense de froid est une douleur ; car on ne peut ressentir un très-grand froid, sans en être fort incommodé. Le grand degré de froid ne sauroit donc exister hors de l'esprit. Mais un moindre degré de froid peut exister hors de l'esprit, aussi - bien qu'une chaleur modérée.

Phil. Les corps qui nous font ressentir

un degré modéré de chaleur, lorfqu'ils font appliqués aux nôtres, font donc ceux dans lefquels vous prétendez que réfide la chaleur modérée ; & ceux dont l'application aux nôtres nous fait reffentir un degré de froid d'une intenfité à-peu-près femblable, font de leur côté ceux où vous croyez que réfide le petit degré de froid.

Hylas. Précifément.

Phil. Et penfez-vous qu'un fentiment puiffe être vrai lorfqu'il conduit inévitablement celui qui l'embraffe, & qui en fait un ufage légitime, à des abfurdités ?

Hylas. Non fans doute, il ne le fauroit être.

Phil. Mais ne feroit-ce pas une abfurdité que de penfer qu'une même chofe pût être en même-temps froide & chaude ?

Hylas. C'en feroit une.

Phil. Suppofons maintenant que vous ayez chaud à l'une de vos mains, & froid à l'autre, & que vous les plongiez en même-temps l'une & l'autre dans un même vafe plein d'eau ni froide ni chaude. La même

eau

eau ne vous paroîtra-t-elle pas alors tout à la fois, froide, à en juger par la senfation qu'elle excitera dans l'une de vos mains, & chaude, à en juger par la senfation qu'elle excitera dans l'autre.

Hylas. Cela arrivera fans contredit.

Phil. Et ne faudra-t-il pas par conféquent conclure de vos principes, que cette eau fera tout à la fois froide & chaude ; c'eft-à-dire, fuivant ce que vous m'avez accordé, n'en ferons-nous pas venus à devoir adopter une abfurdité ?

Hylas. J'avoue que cela me femble ainfi.

Phil. Vos principes renfermoient donc eux-mêmes quelque fauffeté ; puifque vous êtes convenu que des principes qui feroient tous vrais ne fauroient jetter ceux qui les fuivroient, & qui en feroient un bon ufage, dans des abfurdités.

Hylas. Mais après tout, peut-il y avoir rien de plus abfurde que de prétendre *qu'il n'y a point de chaleur dans le feu ?*

Phil. Pour éclaircir encore plus la chofe, fuppofons que nous nous trouvions

B

ſucceſſivement dans deux cas parfaitement ſemblables l'un à l'autre , & dites-moi ſi nous ne devrons pas alors porter un même jugement de l'un & de l'autre.

Hylas. D'accord.

Phil. Lorſqu'une épingle pique votre doigt , ne déchire-t-elle pas & ne diviſe-t-elle pas les fibres de votre chair ?

Hylas. Elle les déchire & les diviſe.

Phil. Et lorſqu'un charbon ardent brûle votre doigt , que fait-il autre choſe ?

Hylas. Rien de plus.

Phil. Mais puiſque vous ne jugez pas que la ſenſation que l'épingle occaſionne en vous , ni rien de ſemblable à cette ſenſation , ſoit dans l'épingle ; vous ne devriez pas non plus , conformément à ce que vous m'avez accordé tout-à-l'heure , juger que la ſenſation que le charbon ardent occaſionne en vous , ni rien de ſemblable à cette ſenſation , pût ſe trouver dans le charbon.

Hylas. Hé bien , puiſqu'il le faut , je me rends ſur ce point , que la chaleur & le froid ſont de pures ſenſations qui n'ont d'exiſtence que dans nos Ames. Mais il nous reſte toujours aſſez de qualités pour aſſurer aux choſes extérieures à l'eſprit leur réalité.

Phil. Et que diriez-vous , *Hylas* , ſi je vous faiſois voir que toutes les qualités ſenſibles ſont dans le même cas ; & qu'on ne ſauroit ſuppoſer qu'elles exiſtent hors de l'eſprit , à meilleur titre qu'on pourroit le prétendre de la chaleur & du froid ?

Hylas. Il faudroit avouer alors que vous auriez avancé de quelques pas dans la queſtion que nous diſcutons. Mais c'eſt auſſi ce que je déſeſpere que vous me prouviez.

Phil. Examinons toutes ces qualités les unes après les autres. Que penſez-vous d'abord des goûts ? Exiſtent-ils hors de l'eſ- prit , ou n'exiſtent-ils que dans l'eſprit ?

Hylas. Nul homme qui ſera dans ſon bon ſens ne doutera , je penſe ; que le ſucre ne ſoit doux , & que l'abſinthe ne ſoit amere.

Phil. Apprenez-moi une choſe , *Hylas* ; le goût de douceur eſt-il une eſpece par- ticuliere de plaiſir , c'eſt - à - dire , une senfation agréable, ou n'en eft - ce pas une ?

Hylas. C'en eft une.

Phil. Et l'amertume, n'eft-ce pas une efpece de fenfation défagréable, ou de douleur ?

Hylas. J'en conviens.

Phil. Mais fi le fucre & l'abfinthe font des fubftances corporelles, deftituées de la penfée, & qui exiftent hors de l'efprit, comment donc arrivera-t-il que la douceur & l'amertume, c'eft-à-dire, un plaifir & une douleur puiffent leur convenir ?

Hylas. Attendez, *Philonoüs.* Je vois maintenant ce qui m'a fait illufion jufqu'ici. Vous m'avez demandé fi la chaleur & le froid, la douceur & l'amertume, n'étoient pas des efpeces particulieres de plaifir ou de douleur ; à quoi j'ai répondu fimplement que oui : au - lieu que j'aurois dû faire cette diftinction, qu'en tant qu'on apperçoit ces qualités, ce font, à la vérité, des plaifirs ou des douleurs ; mais qu'en tant qu'elles exiftent dans les objets extérieurs , on n'en peut plus dire la même chofe ; d'où il s'enfuit que nous aurions tort de conclure abfolument qu'il n'y a point de chaleur dans le feu, ou de douceur dans le fucre , mais que nous devons nous en tenir à dire que la chaleur ou la douceur , en tant qu'elles font apperçues de nous , ne font point dans le feu ou dans le fucre. Que répondez-vous à cela ?

Phil. Que c'eft une allégation qui ne fait rien à notre fujet. Notre converfation n'a roulé jufqu'ici que fur les chofes fenfibles que vous avez définies, *celles que nous appercevons immédiatement par les fens.* Si vous me parlez donc à préfent d'autres qualités différentes de celles - ci , je vous répondrai que je n'en ai point de connoiffance , & qu'au refte elles ne peuvent en aucune forte fe rapporter à notre queftion. Vous pouvez, fi vous le voulez, prétendre avoir découvert certaines qualités que vous n'appercevez pas , & affurer que ces qualités *infenfibles* exiftent dans le feu & dans le fucre : mais je ne faurois concevoir quel ufage vous pourriez faire de ces mêmes qualités dans l'objet que nous nous propofons. Dites-moi donc encore une fois, fi vous reconnoiffez que la chaleur & le froid, la douceur & l'amertume, (entendant par-là des qualités que nous appercevons par les fens) n'exiftent point hors de l'efprit.

Hylas. Je vois qu'il ne me ferviroit de rien de tenir bon : ainfi je conviens de tout cela à l'égard des qualités dont nous avons parlé jufqu'ici; quoique je vous protefte qu'il y a je ne fais quoi de révoltant à dire que le fucre n'eft pas doux.

Phil. Voici ce que je puis ajouter pour vous mieux convaincre de cette derniere vérité. Ce qui paroiffoit doux à un homme en fanté, lui paroît amer lorfqu'il eft malade; & on ne fauroit douter d'un autre côté, que différentes perfonnes ne trouvent différens goûts à une même nourriture, puifque ce qui plaît à l'une déplaît à l'autre. Or comment cela pourroit-il arriver, fi le goût étoit quelque chofe d'inhérent à ce qu'on met dans la bouche.

Hylas. J'avoue que je ne le vois point.

Phil. J'en viens maintenant aux odeurs, & je voudrois d'abord favoir de vous, fi ce que nous avons déjà dit des goûts ne leur convient pas exactement; ne font-ce pas auffi autant de fenfations agréables ou défagréables ?

Hylas. Sans doute.

Phil. Pourriez - vous donc concevoir qu'elles exiftaffent dans une chofe qui feroit privée de la faculté d'appercevoir ?

Hylas. Nullement.

Phil. Ou pourriez-vous vous imaginer que des faletés ou des ordures affectaffent ces animaux brutes qui y vont chercher par choix leur nourriture , des mêmes odeurs que nous y trouvons ?

Hylas. Je ne le faurois.

Phil. Et ne devons-nous pas par conféquent conclure à l'égard des odeurs, comme nous l'avons fait au fujet des autres qualités dont nous avons déjà parlé;

B iv

qu'elles ne peuvent exister que dans une substance douée de perception, c'est-à-dire, dans un esprit?

Hylas. Je le pense.

Phil. Et quant aux sons, que vous en semble? Sont-ce des accidens réellement inhérens dans les corps extérieurs, ou n'en sont-ce pas?

Hylas. L'expérience nous prouve clairement que les sons ne sont point inhérens dans les corps sonores; car, si après avoir mis une cloche sous le récipient de la Machine Pneumatique, on la fait frapper en cet endroit par un battant, elle ne rendra point du tout de son. C'est donc l'air qu'il faut regarder comme le sujet du son.

Phil. Et pourquoi encore avancez-vous cette derniere assertion, *Hylas?*

Hylas. Parce que toutes les fois qu'il y a un certain mouvement dans l'air, ce mouvement porte à notre oreille un son plus ou moins fort, à proportion qu'il est lui-même plus ou moins grand; & que nous n'entendons jamais de son, sans qu'il y ait un certain mouvement dans l'air.

Phil. Mais quoique je convienne que nous n'entendons jamais de son, fans qu'il y ait alors un certain mouvement dans l'air, & que l'exiftence d'un certain mouvement dans l'air emporte celle du fon, je ne vois pas néanmoins encore comment vous pouvez inférer delà que le fon exifte dans l'air.

Hylas. C'eft cependant ce mouvement de l'air extérieur qui produit dans l'Ame la fenfation du fon : car en frappant fur le tympan de l'oreille, il excite en cet endroit de notre corps une vibration qui fe communique enfuite à notre cerveau par le moyen des nerfs auditifs ; & c'eft à cette occafion que notre Ame eft affectée de la fenfation qu'on nomme fon.

Phil. Quoi ! le fon feroit donc une fenfation ?

Hylas. Je penfe qu'en tant que nous l'appercevons, c'eft une fenfation particuliere qui exifté dans notre efprit.

Phil. Et peut-il exifter de fenfation hors d'un efprit ?

Hylas. Non certainement.

Phil. Comment donc le son qui eſt une ſenſation pourra-t-il exiſter dans l'air, ſi vous entendez par le mot *air* une ſubſtance deſtituée de ſentiment ?

Hylas. Il faut diſtinguer, *Philonoüs*, entre le ſon tel que nous l'appercevons, & le ſon tel qu'il eſt en lui-même, ou ce qui eſt la même choſe, entre le ſon que nous appercevons immédiatement & celui qui exiſte hors de nous. Le premier eſt, à la vérité, une eſpece particuliere de ſenſation ; mais le dernier n'eſt proprement autre choſe qu'un mouvement de vibration & d'ondulation qui a été excité dans l'air.

Phil. Je penſois avoir déjà prévenu cette diſtinction par la réponſe que je vous ai faite tout - à - l'heure, lorſque vous avez voulu vous en ſervir dans un cas ſemblable ; mais pour ne point revenir là-deſſus, êtes-vous bien ſûr que le ſon ne ſoit réellement rien de plus qu'un mouvement ?

Hylas. J'en ſuis très-ſûr.

Phil. Tout ce qui convient au ſon réel

peut donc être attribué avec fondement &
avec vérité au mouvement.

Hylas. Cela n'est point douteux.

Phil. Ce sera donc bien parler que de
dire du mouvement, qu'il est doux, qu'il
est aigre, qu'il est aigu, qu'il est grave, &c.

Hylas. Je vois que vous avez résolu de
ne m'entendre jamais. Quoi ! n'est-il pas
évident que tous ces accidens ou modes
n'appartiennent qu'au son sensible, ou au
son pris dans le sens qu'on donne ordinairement à ce mot, mais non au son pris
dans un sens réel & philosophique, qui,
suivant que je vous le disois tout-à-l'heure,
n'est autre chose qu'un certain mouvement
dans l'air ?

Phil. Il sembleroit donc qu'il y auroit
deux sortes de sons, l'un vulgaire, ou
celui qu'on entend ; l'autre philosophique
& réel.

Hylas. Justement.

Phil. Et le dernier consisteroit dans le
mouvement ?

Hylas. C'est la distinction que je fais.

Phil. Répondez-moi, *Hylas* : auquel de nos fens penfez - vous que l'idée du mouvement fe rapporte ? Eft-ce à celui de l'ouïe ?

Hylas. Non certainement, mais à celui de la vue, & à celui du toucher.

Phil. Il s'enfuivroit donc delà qu'on pourroit *voir* les fons & les diftinguer au *taɛ̃* , mais jamais les *entendre.*

Hylas. Vous pouvez, *Philonoüs*, tourner tant qu'il vous plaira mon opinion en ridicule ; mais cela ne changera rien à la vérité des chofes. Je vous avoue que les conféquences où vous m'attirez , fonnent un peu mal. Mais on fait que le langage ordinaire a été formé des ufages du vulgaire & pour l'ufage du vulgaire. Il ne faut donc pas s'étonner que les expreffions que ce langage nous fournit , paroiffent un peu dures & extraordinaires , lorfqu'on les applique à des notions philofophiques.

Phil. Eft-il donc vrai que nous foyons déjà fi avancés ? Je vous affure que je ne

regarde pas comme peu de chofe de vous
avoir mené au point de vous défier déformais des opinions & des expreffions
communes ; car un article effentiel dans
notre recherche , c'eft de remonter jufqu'à celles qui renferment les notions
les plus éloignées de la maniere ordinaire
de penfer , ou les plus oppofées aux fentimens généralement reçus dans le monde.
Mais pouvez-vous bien croire que ce ne
foit autre chofe qu'un paradoxe philofophique , que de dire qu'on n'entend jamais les fons réels , & qu'on en reçoit
l'idée par un autre fens que celui de l'ouie?
N'y a-t-il donc rien là de contraire à la
nature & à la vérité ?

Hylas. Pour vous l'avouer franchement,
tout cela n'eft point du tout de mon goût ;
& après les aveux que je vous ai déjà faits,
j'aurois fait auffi - bien de vous accorder
que les fons n'ont point d'exiftence réelle
hors de l'Ame.

Phil. J'efpere que vous ne ferez point
difficulté de reconnoître la même chofe à
l'égard des couleurs.

Hylas. Pardonnez-moi; il en est tout autrement des couleurs. Quoi de plus clair que cette vérité, que nous voyons les couleurs dans les objets?

Phil. Je m'imagine que les objets dont vous parlez doivent être des substances corporelles qui existent hors des esprits qui les apperçoivent.

Hylas. C'en sont en effet.

Phil. Et ces objets ont-ils des couleurs vraies & réelles qui leur soient inhérentes?

Hylas. Chaque objet visible a en soi la même couleur que nous y voyons.

Phil. Comment donc! Y a-t-il autre chose de visible que ce que nous appercevons par la vue?

Hylas. Rien de plus.

Phil. Et appercevons-nous par le sens de la vue rien que nous n'appercevions immédiatement?

Hylas. Combien de fois serai-je obligé de vous répéter la même chose? je vous dis que non.

Phil. Patience, mon cher *Hylas* ; dites-moi encore si les sens apperçoivent immédiatement autre chose que les qualités sensibles. Je sais que vous m'avez déjà assuré qu'ils n'appercevoient immédiatement rien de plus ; mais je voudrois que vous m'apprissiez si vous persistez toujours dans cette opinion.

Hylas. Sans difficulté.

Phil. Mais, je vous prie, la substance corporelle dont vous me parlez seroit-elle une qualité sensible, ou seroit-ce un composé de qualités sensibles ?

Hylas. Quelle espece de question me faites-vous là ? Qui a jamais pu penser que cette substance fût ni l'une ni l'autre de ces deux choses ?

Phil. La raison que j'ai pour vous faire cette demande, c'est qu'en disant que *chaque objet visible a la même couleur que nous y voyons*, vous supposez que les objets visibles sont des substances corporelles ; ce qui emporte, ou bien que les substances corporelles soient des qualités sensibles, ou bien au moins que la vue apperçoive autre chofe que des qualités fenfibles : & comme vous êtes déjà convenu de l'impoffibilité du dernier membre de cette alternative, & que vous perfiftez toujours dans votre aveu, il s'enfuit évidemment delà que la fubftance corporelle dont vous parlez ne differe en rien des qualités fenfibles.

Hylas. Vous pouvez tirer de mes fentimens toutes les conféquences abfurdes qu'il vous plaira ; mais vous ne viendrez pas à bout pour cela de me les faire abandonner : je comprends clairement ce que je veux dire.

Phil. Je defirerois fort que vous vouluffiez bien me le faire comprendre auffi : mais puifque vous vous obftinez à ne point foumettre à l'examen votre notion de la fubftance corporelle, je n'infifterai pas davantage fur cet article ; je voudrois feulement favoir de vous, fi ce font les couleurs mêmes que nous voyons, qui exiftent dans les corps extérieurs, ou s'il y en exifte d'autres.

Hylas. Les couleurs que nous voyons

font les mêmes qui exiftent dans les corps.

Phil. Quoi ! le rouge & le pourpre que nous appercevons dans ces nuages , y feroient donc réellement ? Ne penferiez-vous pas plutôt que ces mêmes nuages n'offrent à nos yeux rien de plus que la forme d'un brouillard épais ou d'une vapeur?

Hylas. Je ne puis m'empêcher de vous avouer que ces couleurs ne font pas réellement dans les nuages , comme on le jugeroit de loin. Ce ne font feulement que des couleurs apparentes.

Phil. Apparentes , dites-vous ! Et comment diftinguerez-vous les couleurs apparentes des réelles ?

Hylas. Fort aifément. Je regarde comme apparentes les couleurs qui fe montrant à nous de loin , femblent au contraire s'évanouir , lorfque nous nous approchons de plus près de l'objet fur lequel elles nous paroiffoient peintes.

Phil. Et il faudra , je penfe , nommer réelles celles qu'on découvre fur les objets , en les confidérant de plus près & plus attentivement ?

Hylas. Juſtement.

Phil. Eſt-ce par le ſecours du Microſcope, ou à l'œil nud, qu'on verra les objets de
plus près, & qu'on les examinera le mieux?

Hylas. Sans doute que ce ſera avec le
ſecours du Microſcope.

Phil. Mais le Microſcope nous fait voir
ſouvent dans les objets des couleurs différentes de celles que nous y appercevions
à la ſimple vue; & ſi nous avions des Mi-
croſcopes qui groſſiſſent les objets beaucoup plus encore que ceux dont nous nous
ſervons, il eſt inconteſtable qu'aucun objet
que nous pourrions voir à travers, ne nous
y paroîtroit de la même couleur qu'il nous
auroit montrée à l'œil nud.

Hylas. Et que conclurez-vous delà? Je
conviens avec vous qu'à l'aide de certains
artifices, on vient à bout d'altérer les couleurs, & même de les faire totalement
diſparoître des objets; mais ce n'eſt pas
une raiſon d'inférer qu'il n'y ait réellement
& naturellement aucune couleur ſur les
objets.

Phil. Je crois qu'il s'enfuit évidemment de ce que vous m'avez accordé, que toutes les couleurs que nous appercevons à la simple vue, ne sont qu'apparentes, non plus que celles des nuages; puisqu'elles disparoissent & s'évanouissent, pour ainsi dire toutes, lorsqu'on les regarde de plus près & avec plus d'attention, suivant que le Microscope en fournit les moyens. Et à l'égard de ce que vous ajoutez en me prévenant, je vous demande à ce sujet, laquelle est la plus propre à bien découvrir un objet, d'une vue fine & perçante, ou d'une vue moins fine & moins perçante.

Hylas. La premiere sans doute.

Phil. Et la Dioptrique ne nous apprend-elle pas que les Microscopes augmentent la force de la vue, ou qu'ils représentent les objets tels que les yeux les verroient s'ils étoient doués d'une vue plus perçante?

Hylas. J'en conviens.

Phil. Nous devons donc juger que rien ne peut mieux nous découvrir la nature des chofes, ou nous faire connoître les chofes telles qu'elles font en elles-mêmes, que la repréfentation que le Microfcope nous en fait. Les couleurs que cette repréfentation nous offre, font donc les plus pures, & celles que nous appercevons fans le fecours du Microfcope, le font au contraire le moins.

Hylas. Il faut avouer qu'il y a du vrai dans ce que vous dites là.

Phil. De plus, n'eft-il pas poffible qu'il exifte des animaux qui aient reçu de la nature des yeux dont la ftructure les mette en état d'appercevoir des objets, qui à raifon de leur petiteffe échapperoient à notre vue; & n'eft-ce pas même une chofe manifefte qu'il en exifte de tels ? Que penfez-vous de ces autres animaux plus petits qu'on ne fauroit fe l'imaginer, & que les verres optiques nous découvrent ? Prétendez-vous qu'ils foient abfolument deftitués du fens de la vue ; ou au cas qu'ils ne foient pas tout-à-fait aveugles, pouvez-vous douter que la vue ne leur ait été donnée par

la nature dans la même intention, dans
laquelle elle a été donnée aux autres animaux, je veux dire, pour leur servir à
préserver leurs corps des accidens dont ils
font continuellement menacés? Et si c'est
là en effet l'usage de la vue dans ces mêmes
animaux, ainsi que dans les autres, n'est-
il pas évident en même-temps qu'il faut
qu'ils apperçoivent des particules moin-
dres que leurs corps, & que ces particules
se montrent à eux dans chaque objet d'une
maniere différente de celle dont elles frap-
pent nos sens? Nos propres yeux eux-
mêmes ne nous représentent-ils pas les
objets tantôt d'une maniere, & tantôt d'une
autre? Ne savons-nous pas que toutes les
choses qu'on voit quand on a la jaunisse,
semblent être jaunes? & n'est-il pas par
conséquent extrêmement vraisemblable
que les animaux, dans les yeux desquels
nous observons une texture fort différente
de celle des nôtres, & dont les corps abon-
dent en différentes humeurs qui nous seroient étrangeres, ne voient point dans

chaque objet les mêmes couleurs que nous y découvrons ? Enfin , ne paroît - il pas s'enfuivre de tout cela que toutes les couleurs font également apparentes , & qu'aucune de celles que nous appercevons dans quelque objet extérieur que ce puiffe être, n'y eft réellement inhérente ?

Hylas. Il me le femble.

Phil. Vous n'en douterez certainement plus , pour peu que vous confidériez que fi les couleurs étoient des propriétés ou des affections inhérentes dans les corps extérieurs , elles ne pourroient jamais fouffrir d'altérations , qu'autant qu'on remarqueroit des changemens dans ces corps mêmes. Mais n'eft-il pas évident , après tout ce que nous avons dit , que, foit que nous voulions faire ufage d'un Microfcope , foit que les humeurs de nos yeux aient fouffert quelque altération , foit enfin que nous nous éloignions ou que nous nous approchions d'un objet , les couleurs de l'objet changeront , ou difparoîtront même quelquefois totalement, fans qu'il foit néanmoins arrivé aucun changement à l'objet ? Suppofons même que nous ne changions que la feule fituation d'un objet, fans rien altérer des autres circonftances qui concourent à nous le faire appercevoir ; cet objet préfentera dès-lors différentes couleurs à nos yeux. Il en arrivera encore autant à proportion que ce même objet fera plus ou moins illuminé. Et qu'y a - t - il de plus connu que cette expérience, que les mêmes corps nous paroiffent, à la lumiere d'une bougie, d'une couleur différente de celle qu'ils nous montrent en plein jour ? Ajoutez encore à cela l'expérience du Prifme, qui en féparant les rayons hétérogenes, change les couleurs de tous les objets, & fait paroître, même à l'œil nud, le blanc le plus pur, d'un bleu ou d'un rouge foncé ; & après cela, dites-moi fi vous êtes toujours du fentiment que tous les corps aient des couleurs vraies & réelles, qui foient inhérentes en eux : & fuppofé que vous penfiez en effet de la forte, apprenez-moi

de plus, je vous prie, quelle diſtance &
quelle poſition des objets, quelle configu-
ration ou quelle diſpoſition des différentes
parties de l'œil, enfin, quel degré ou quelle
eſpece de lumiere feront lés plus propres
à nous découvrir les vraies couleurs des
objets, & à nous les faire diſtinguer de
celles qui ne ſont qu'apparentes.

Hylas. J'avoue que je fuis maintenant
parfaitement convaincu que toutes les couleurs ſont également apparentes, & qu'il
n'y a rien d'inhérent dans les corps extérieurs, qu'on puiſſe appeller du nom
de couleur; enfin, que les couleurs n'exiſtent ſeulement que dans la lumiere. Ce
qui me confirme dans cette derniere opinion, c'eſt que les couleurs ſont toujours
plus ou moins vives, à proportion que
les objets qui nous les montrent, ſont
plus ou moins éclairés; & que lorſque la
lumiere diſparoît tout-à-fait, les couleurs
diſparoiſſent auſſi en même-temps. D'ailleurs, en admettant des couleurs ſur la
ſurface des objets extérieurs à nous, com-

ment

comment seroit-il possible que nous les apperçussions? Nul corps extérieur à nous n'affecte notre ame, à moins qu'il n'ait commencé par agir sur les organes de nos sens. D'un autre côté, l'action des corps ne consiste que dans le seul mouvement; & le mouvement ne peut se communiquer d'un corps à un autre que par l'impulsion. Un objet éloigné ne sauroit donc proprement agir sur notre œil, ni par conséquent se faire appercevoir de notre ame, ou lui découvrir ses propriétés; & il s'ensuit clairement delà que c'est quelque substance contigüe à notre œil, & qui opere sur lui, qui doit occasionner en nous la perception des couleurs. Or telle est la lumiere.

Phil. Comment ! la lumiere seroit donc une substance ?

Hylas. Je pense, *Philonoüs*, que la lumiere extérieure n'est autre chose qu'une substance fluide & rare, dont les particules agitées avec violence, & réfléchies de différentes manieres vers nos yeux par les surfaces des objets extérieurs, communiquent

C

différens mouvemens aux nerfs optiques ; & que ces mouvemens se transmettant ensuite jusqu'au cerveau, au moyen de ces mêmes nerfs, ils y font différentes impressions, qui sont suivies des sensations du rouge, du bleu, du jaune, &c.

Phil. Il paroît donc que la lumiere ne fait en cela autre chose qu'ébranler les nerfs optiques ?

Hylas. Elle n'y fait rien de plus.

Phil. C'est-à-dire qu'à chaque mouvement particulier que la lumiere communique à ces nerfs, l'esprit est affecté d'une sensation qui est une espece particuliere de couleur.

Hylas. Précisément.

Phil. Et ces sensations n'ont point d'existence hors de l'esprit ?

Hylas. Point du tout.

Phil. Comment pouvez-vous donc soutenir que les couleurs soient dans la lumiere, puisque vous entendez par le mot *lumiere*, une substance corporelle extérieure à l'esprit ?

Hylas. Je conviens que la lumiere & les couleurs, en tant qu'elles font immédiatement apperçues de nous , ne fauroient exifter hors de l'efprit. Mais fi on les confidere en elles-mêmes, on trouvera alors qu'elles confiftent uniquement en différens mouvemens & en différentes configurations de certaines particules infenfibles de la matiere.

Phil. Les couleurs prifes dans le fens ordinaire , c'eft-à-dire, pour les objets immédiats de la vue, ne fauroient donc fe trouver que dans une fubftance douée de perception ?

Hylas. C'eft-là ce que je dis.

Phil. Eh bien donc ! puifque vous convenez de ce que je veux , à l'égard de ces qualités fenfibles , qui feules font regardées par tous les hommes comme des couleurs, vous pouvez prétendre après cela tout ce qu'il vous plaira à l'égard de ces couleurs invifibles qui ne font connues que des Philofophes. Je ne m'engagerai point, quant à moi, dans des difputes fur un pareil

fujet. Je me contenterai de vous prier d'examiner, fi dans la queftion dont il s'agit
entre vous & moi, vous pouvez avancer
avec affurance *que le rouge & le bleu que
nous voyons, ne font point des couleurs
réelles, mais que ce ne font que de certaines figures & de certains mouvemens inconnus, defquels perfonne ne s'eft encore bien
affuré, ou ne pourra même jamais fe bien
affurer.* Ne font - ce point là des notions
choquantes, & qui pourroient nous fournir
autant de conféquences ridicules, que nous
en avons tirées de celles auxquelles vous
avez été déjà obligé de renoncer, lorfque
nous parlions des fons.

Hylas. Je conviens franchement, *Philonoüs,* que ce feroit en vain que je voudrois
plus long-temps défendre l'opinion dont
vous me parlez. Je vous accorde donc que
les couleurs, les fons, les goûts, en un mot,
toutes les qualités qu'on nomme *fecondai-
res,* n'ont aucune exiftence hors de l'efprit.
Mais en faifant cet aveu, je prétends auffi
ne donner aucune atteinte à la réalité de la

matiere ou des objets extérieurs ; & c'est
avec d'autant plus de fondement, que telle
est en effet la maniere de penser de plusieurs
Philosophes qui sont néanmoins très-éloi-
gnés de nier l'existence de la matiere. Pour
rendre ceci plus facile à comprendre, j'ob-
serverai que les Philosophes divisent les
qualités sensibles en *premieres* & en *secondaires*. L'étendue, la figure, la solidité, la
pesanteur, le mouvement & le repos, sont
celles qu'ils nomment premieres & celles
qui, selon eux, existent réellement dans les
corps. Celles dont nous avons parlé jusqu'à
présent, ou pour couper court, toutes les
qualités sensibles, à l'exception des premieres, sont au contraire celles qu'ils appellent secondaires & celles qu'ils ne regar-
dent que comme autant de sensations ou
d'idées, & qui de leur aveu n'existent autre
part que dans l'esprit. Mais je vous parle
de choses dont je ne doute point que vous
ne soyez déjà instruit. Je savois, quant à
moi, depuis long-temps, que cette division
étoit adoptée de plusieurs Philosophes ; mais

C iij

ce n'eſt que de ce moment que je ſuis pleinement convaincu de ſa néceſſité.

Phil. Vous êtes donc de l'opinion que l'étendue & les figures ſont inhérentes dans des ſubſtances extérieures à l'eſprit, & incapables de penſer ?

Hylas. Sans doute.

Phil. Que direz-vous donc, ſi les mêmes argumens que je vous ai apportés contre l'exiſtence des qualités ſecondaires ſe trouvent conclure également contre l'exiſtence des autres ?

Hylas. Je ſerois alors obligé de penſer que ces dernieres n'exiſteroient non plus que dans l'eſprit.

Phil. Etes-vous du ſentiment que ce ſoit cette même figure & cette même étendue que vous appercevez par les ſens, qui exiſte dans les objets extérieurs, ou dans la ſubſtance matérielle ?

Hylas. Oui.

Phil. Et les autres animaux ſont-ils auſſi fondés que vous à penſer la même choſe de la figure & de l'étendue qu'ils voient, ou qu'ils touchent ?

Hylas. Sans doute, pour peu qu'ils en aient une perception.

Phil. Répondez-moi, *Hylas* ; pensez-vous que les sens aient été accordés à tous les animaux pour leur conservation & leur bien-être durant la vie ; ou, ne seroit-ce qu'aux hommes seuls qu'ils auroient été donnés pour cette fin ?

Hylas. Je ne doute nullement qu'ils n'aient le même usage dans tous les animaux.

Phil. Et cela posé, n'est-il pas nécessaire que les sens fournissent à tous les animaux les moyens d'appercevoir leurs propres membres, ainsi que les corps qui pourroient les heurter & les endommager ?

Hylas. Certainement.

Phil. Vous devez donc m'accorder qu'une Mite doit voir son pied, & les autres choses qui sont d'une grosseur égale à celle de son pied, ou même moindre, comme des corps assez considérables ; quoiqu'en même-temps il nous soit à peine possible de discerner ces mêmes choses, ou qu'elles ne nous paroiſſent tout au plus que comme autant de points viſibles.

Hylas. Je ne ſaurois en diſconvenir.

Phil. Et ces mêmes corps paroîtroient encore plus gros à des animaux plus petits que la Mite.

Hylas. Il eſt vrai.

Phil. Si bien qu'un corps que nous ne pourrions diſcerner qu'à peine , devroit paroître comme une groſſe montagne à un animal extrêmement petit.

Hylas. Je vous accorde tout cela.

Phil. Une ſeule & même choſe peut-elle dans un même temps avoir des dimenſions différentes ?

Hylas. Il ſeroit abſurde de ſe l'imaginer.

Phil. Mais de ce que vous m'avez accordé , il s'enſuit que l'étendue que nous appercevons, & celle que la Mite apperçoit, auſſi-bien que celles que des animaux plus petits pourroient appercevoir de leur côté, ſont toutes également la vraie étendue du pied de la Mite ; c'eſt-à-dire, que vos principes vous ont jetté dans une contradiction.

Hylas. Il me semble qu'il y a en cela de la difficulté.

Phil. Revenons. N'avez - vous pas reconnu qu'aucune propriété réelle & inhérente de tel objet que ce pût être , ne sauroit changer , sans qu'il arrivât quelque changement à l'objet même ?

Hylas. J'en suis convenu.

Phil. Mais l'étendue visible des objets varie, à proportion que nous nous en approchons ou que nous nous en éloignons, puisqu'elle est dix & cent fois plus grande à certaines distances qu'à d'autres ; & ne s'ensuit - il pas delà que cette étendue n'est point réellement inhérente dans les objets ?

Hylas. J'avoue que je ne sais trop qu'en penser.

Phil. Vous vous serez bientôt décidé là-dessus, pour peu que vous vous permettiez de juger de la qualité dont nous parlons maintenant, avec la même liberté d'esprit dont vous avez usé à l'égard des autres. N'avez-vous pas admis pour un bon argument, que ni la chaleur ni le froid ne sont

C v

dans l'eau, parce qu'une même eau paroît quelquefois chaude, à en juger par la fenfation qu'elle excite dans une main , & froide à en juger par la fenfation qu'elle excite dans l'autre ?

Hylas. D'accord.

Phil. Et ne pouvez-vous pas concluré par un raifonnement parfaitement femblable, qu'il n'y a ni étendûe ni figure dans aucun objet, puifqu'un même objet peut paroître à un œil, petit, uni & rond, & à un autre, grand, raboteux & angulaire ?

Hylas. Je le conclurois auffi ; mais ce dernier fait eft-il jamais arrivé ?

Phil. Vous pouvez à tout moment en faire l'expérience. Vous n'avez pour cela qu'à regarder un même objet avec un œil nud, en même-temps que vous le regardèrez auffi avec l'autre œil armé d'un Microfcope.

Hylas. Je ne fais comment défendre davantage l'étendue ; & j'ai cependant bien de la peine à l'abandonner. Je vois tant de conféquences étranges qui fe préfentent en foule à la fuite d'un pareil aveu.......

Phil. Etranges, dites-vous ! Mais après ce que vous m'avez déjà accordé, je compte que vous ne devez plus rien trouver d'affez étrange pour vous arrêter.

Hylas. Je vous cede cet article pour le préfent ; mais je me réferve toujours le droit de me rétracter, au cas que je découvre dans la fuite que je n'ai été mené jufque-là que pour avoir fuppofé quelque faux principe.

Phil. Ce droit ne fauroit vous être contefté ; mais puifque vous ne voulez pas encore en ufer, & que nous avons d'ailleurs déjà expédié ce qui regarde les figures & l'étendue, paffons maintenant au *mouvement*. Un mouvement réel, de quelque corps que ce foit, peut-il être en même-temps très-prompt & très-lent ?

Hylas. Ce feroit une chofe impoffible.

Phil. La vîteffe du mouvement d'un corps n'eft-elle pas réciproquement proportionnelle au temps que ce corps emploie à décrire un espace donné quelconque ? Un corps qui décrit une lieue par heure ne se meut-il pas, par exemple, trois fois plus vîte qu'un autre corps qui ne décriroit qu'une lieue en trois heures ?

Hylas. J'en tombe d'accord.

Phil. Et ne mesurons-nous pas le temps par la succession des idées dans nos esprits ?

Hylas. Par cela même.

Phil. Et n'est-il pas possible que les idées se succedent les unes aux autres en vous deux fois plus vîte qu'elles ne font en moi, ou qu'elles ne feroient dans une intelligence d'un autre ordre ?

Hylas. Je l'avoue.

Phil. Un même corps peut donc paroître à un autre que vous, se mouvoir sur un espace donné, dans la moitié du temps qu'il vous paroîtra à vous, avoir employé à ce mouvement : & ce même raisonnement pourra d'ailleurs s'appliquer à toute autre espece de rapport de temps; & puisque, suivant vos principes, tous les mouvemens qu'on apperçoit, font réellement dans l'objet où on les apperçoit, il sera par conséquen possible qu'un seul & même corps se meuve tout à la fois & très-vîte & très-lentement, & cela réellement & en un même sens. Or comment accorder ces conséquences, non-seulement avec ce dont vous êtes déjà convenu, mais encore avec les notions les plus simples que le bon sens puisse nous fournir ?

Hylas. Je n'ai rien à répliquer à ce raisonnement ?

Phil. Quant à la *solidité*, ou vous n'entendez par ce mot aucune qualité sensible, & il se soustrairoit alors à notre recherche; ou, si vous le rapportez à quelque qualité sensible, ce doit être ou à la dureté, ou à la résistance. Mais il est évident que l'une & l'autre de ces deux qualités sont entiérement relatives à nos sens ; puisque ce qui paroît dur à un animal, peut paroître mol à un autre dont les membres auront plus de force & de fermeté que ceux du premier : & il n'est pas moins clair que les résistances que nous éprouvons, ne sauroient non plus résider dans les corps qui paroissent nous les faire sentir.

Hylas. J'avoue que la fenfation même de réfiftance, en quoi confifte tout ce que vous appercevez immédiatement de la folidité, n'eft pas dans le corps. C'eft la caufe de cette fenfation qui y eft.

Phil. Mais les caufes de nos fenfations, ne font-ce pas les chofes que nous appercevons immédiatement ? Et par conféquent ne font-ce pas auffi les chofes fenfibles ? Je crois que c'eft-là un point dont nous fommes déjà convenus.

Hylas. Je vous l'accorde : mais il faut que vous me pardonniez fi je vous parois tomber dans quelques contradictions. Je ne fais comment me défaire de mes anciens préjugés.

Phil. Pour vous être en cela de quelque fecours, je vous prierai de faire attention qu'après avoir une fois reconnu que l'étendue n'a point d'exiftence hors de l'efprit, on ne fauroit plus s'empêcher d'en dire autant du mouvement, de la folidité & de la pefanteur; puifque toutes ces qualités fuppofent évidemment l'étendue. Il feroit donc inutile de vouloir faire ici des recherches particulieres sur chacune de ces mêmes qualités : en niant l'existence de l'étendue, on nie en même-temps l'existence de toutes les autres.

Hylas. Je m'étonnerois, *Philonoüs*, en supposant vrai ce que vous dites-là, que les Philosophes qui refusent toute existence réelle aux qualités secondaires, pussent accorder l'existence aux qualités premieres. En effet, dès-lors qu'il n'y auroit aucune différence entre ces deux especes de qualités, quelle raison pourroit-on donner d'une pareille contradiction ?

Phil. Je ne me charge point de justifier chaque opinion des Philosophes ; mais entr'autres raisons qu'on pourroit donner de la contradiction dont vous me parlez, il est vraisemblable qu'on en trouveroit une dans la douleur ou dans le plaisir, qui sont plus immédiatement liés aux qualités secondaires qu'aux qualités premieres. La chaleur & le froid, les goûts & les odeurs nous affectent avec un peu plus de vivacité d'un sentiment agréable ou désagréable, que les

idées, pour ainsi dire, seches, de l'étendue,
des figures & des mouvemens. Et comme
il seroit trop visiblement absurde de soutenir que la douleur ou le plaisir pussent se
trouver dans une substance destituée de la
faculté d'appercevoir, il est arrivé delà que
les hommes se sont plus facilement déta-
chés de l'opinion qui attribue l'existence
aux qualités secondaires, que de celle qui
ne l'attribue qu'aux seules qualités premieres. Vous vous convaincrez que ce n'est pas
là une chose que j'avance tout-à-fait sans
sujet, si vous voulez bien vous rappeller un
moment la différence que vous avez faite,
il y a quelque temps, entre une chaleur intense & un degré plus modéré de chaleur,
& l'inclination que vous aviez à donner à
l'une l'existence réelle que vous refusiez
néanmoins à l'autre. Au reste, la distinction
que vous faisiez en cette occasion n'étoit
pas fondée en raison; car il n'est point douteux qu'une sensation à laquelle nous sommes indifférens, ne soit aussi véritablement
sensation, qu'une plus agréable ou une plus

douloureuse ; & la premiere ne sauroit par conséquent être attribuée, à plus juste titre que les deux dernieres, à un sujet destitué de la faculté de penser.

Hylas. Je viens de me rappeller dans le moment que j'ai entendu quelquefois distinguer entre l'étendue sensible & l'étendue réelle. Or, quoiqu'il faille reconnoître que la grandeur & la petitesse, qui ne consistent uniquement que dans le rapport que les êtres étendus, différens de nos propres corps, ont aux parties de nos propres corps, ne sont pas réellement inhérentes dans les substances mêmes ; rien ne nous oblige néanmoins d'en dire autant de l'étendue absolue, qui est quelque chose d'abstrait des idées de grandeur & de petitesse, ainsi que de telle ou telle quantité, ou de telle ou telle figure particuliere. Il en est de même à l'égard du mouvement. La vîtesse & la lenteur sont entiérement relatives à la maniere dont les idées se succedent les unes aux autres dans nos esprits. Mais de ce que ces modifications du mouvement n'exiſtent pas hors de nos eſprits, il ne s'enſuit pas du tout que nous devions porter un jugement ſemblable du mouvement abſolu qu'on en peut abſtraire.

Phil. Aſſignez-moi, je vous prie, *Hylas*, ce qui doit ſervir à diſtinguer un mouvement ou une étendue, d'une autre. N'eſt-ce pas quelque propriété ſenſible, comme différens degrés de vîteſſe ou de lenteur, ou bien certaines grandeurs & certaines figures particulieres à chacune de cés deux qualités?

Hylas. Je le penſe ainſi.

Phil. Et par conſéquent, ſi l'on dépouille ces deux qualités de toutes leurs propriétés ſenſibles, il ne leur reſtera plus de différences, ni *ſpécifiques*, *ni numériques*, comme on les nomme dans les Écoles.

Hylas. Non.

Phil. C'eſt-à-dire, qu'elles ſe réduiront à l'étendue en général, & au mouvement en général.

Hylas. Soit.

Phil. Mais c'eſt une maxime univerſellement reçue, que *toute choſe qui exiſte eſt singuliere* ; & sur ce pied-là , comment se pourra-t-il faire que le mouvement en général, ou l'étendue en général existe dans une substance corporelle ?

Hylas. Je vous demande du temps pour répondre à cette difficulté.

Phil. Mais il me semble à moi qu'on peut se décider promptement sur cet article. Il vous est sans doute facile de me dire, si vous éprouvez qu'il soit en votre pouvoir de vous former à votre gré telles ou telles idées. Or je n'en veux pas davantage pour faire cesser notre dispute. Si vous pouvez vous former dans votre esprit une idée tout à la fois abstraite & distincte , soit du mouvement , soit de l'étendue , dépouillés l'un & l'autre de tous leurs modes sensibles , la promptitude ou la lenteur , la grandeur ou la petitesse , la figure ronde ou quarrée, & d'autres semblables que vous avez reconnu n'exister que dans l'esprit , je demeurerai d'accord de tout ce que vous voudrez. Mais si vous ne pouvez en venir à bout, ce seroit aussi de votre part une chose déraisonnable que d'insister davantage sur l'existence de ce dont vous n'auriez aucune notion.

Hylas. A vous dire vrai, je ne saurois y réussir.

Phil. Pouvez - vous même séparer les idées de l'étendue & du mouvement des idées de la lumiere & des couleurs, de la dureté & de la molesse, de la chaleur & du froid, & de toutes ces autres qualités que ceux qui en distinguent de plusieurs espe-ces, nomment secondaires?

Hylas. Quoi! est-ce que ce n'est pas une chose aisée de considérer l'étendue & le mouvement en eux-mêmes, & abstraction faite de toutes les autres qualités sensibles? Eh, je vous prie, comment donc les Ma-thématiciens les envisagent-ils lorsqu'ils en traitent ?

Phil. Je reconnois, *Hylas*, qu'il n'est point difficile de former des propositions & des raisonnemens généraux sur ces quali-tés, sans y faire entrer rien de plus, & en ce sens de considérer ces mêmes qualités d'une maniere abstraite. Mais de ce que je puis prononcer le mot *mouvement* par lui-même, s'enfuit-il que je puisse me former dans mon esprit une idée du mouvement, où celle du corps n'entre point ? Ou de ce qu'on peut énoncer & démontrer des Théorêmes sur l'étendue & les figures, sans faire mention de la grandeur ou de la petitesse de ces figures, ou de toute autre de leurs qualités sensibles, peut-on conclure que l'esprit ait la facilité de se représenter & de saisir une idée abstraite d'étendue destituée de telle ou telle grandeur, de telle ou telle couleur, &c. ? Les Mathématiciens traitent de la quantité, sans faire attention aux autres qualités sensibles dont elle peut être revêtue ; parce que ces qualités n'influeroient en rien sur leurs démonstrations. Mais si laissant les mots à part, ils s'abandonnent quelquefois à la contemplation des simples idées, vous trouverez, je pense, que ces idées qu'ils considerent alors, ne sont point les idées pures & abstraites de l'étendue.

Hylas. Mais que direz-vous de l'entendement pur ? Qu'eſt-ce autre choſe qu'une faculté qui a la propriété de former des idées abſtraites ?

Phil. Dès-lors que je ne puis en aucune ſorte me former des idées abſtraites, il eſt clair que je ne ſaurois le faire par le ſecours de l'entendement pur, quelle que ſoit la faculté que vous entendiez par ces mots ; mais ſans porter nos recherches juſqu'à la nature de l'entendement pur & de ſes objets ſpirituels, *la Vertu, la Raiſon, Dieu,* & d'autres ſemblables, au moins paroît-il manifeſte que les choſes ſenſibles ne peuvent être apperçues de nous que par le ſecours des ſens, & qu'elles ne peuvent nous être repréſentées que par l'imagination. Les figures & l'étendue, qui ſont primitivement apperçues par les ſens, ne ſont donc point des objets qui appartiennent à l'entendement pur. Que ſi au reſte vous voulez vous en convaincre encore mieux, eſſayez un moment de vous former l'idée de quelque figure abſtraite de toute circonſtance ſpécifique de grandeur, ou même abſtraite des autres qualités ſenſibles.

Hylas. Permettez que j'y penſe un peu... Je trouve qu'il me ſeroit impoſſible d'en venir à bout.

Phil. Et croyez-vous qu'une choſe dont l'idée impliqueroit contraction, pût exiſter dans la nature ?

Hylas. Nullement.

Phil. Mais puiſque vous convenez que l'eſprit lui - même ne ſauroit déſunir les idées de l'étendue & du mouvement, de toutes les autres qualités ſenſibles, il s'en-ſuit delà que partout où l'une exiſte, l'autre doit néceſſairement exiſter auſſi.

Hylas. Je le croirois.

Phil. Concluez donc que les mêmes preuves que vous avez jugées démonſtratives contre l'exiſtence des qualités ſecondaires, ne le ſont pas moins contre celle des qualités premieres, ſans qu'elles aient même beſoin pour cela d'être étayées par d'autres. D'ailleurs, ſi vous en appellez au témoignage de vos ſens, ne trouverez-vous pas dès-lors que vos fens rapportent toutes les qualités fenfibles à un même lieu ; & ne vous paroîtra-t-il pas par conféquent évident qu'elles coexiftent toutes ? Vos fens vous repréfentent-ils jamais le mouvement ou la figure comme dépouillés de toutes les autres qualités vifibles ou tactiles ?

Hylas. Ne vous donnez pas la peine de vous étendre davantage là-deffus. Je vous avoue franchement qu'à moins qu'il ne fe foit gliffé quelqu'erreur ou quelque méprife dans ce que nous avons dit jufqu'à préfent, il faut refufer également l'exiftence hors de l'efprit à toutes les qualités fenfibles. Mais ce que je crains, c'eft d'avoir été trop vîte, de vous avoir trop accordé, & d'avoir ainfi laiffé paffer, fans m'en appercevoir, quelques propofitions que j'aurois dû vous contefter. En un mot, je n'ai pas eu le temps de la réflexion.

Phil. Vous pouvez, *Hylas*, prendre autant de temps qu'il vous plaira pour réfléchir fur tout cela. Vous êtes le maître de revenir fur chacun des pas que nous avons faits ;

faits ; & s'il se préfentoit à vous quelque chofe que vous euffiez omife, & qui vous parût favorifer votre opinion & être en même-temps de quelque poids, il ne tiendroit qu'à vous de m'en faire part.

Hylas. Un des plus grands torts que j'aie eus, ça été de ne pas diftinguer affez entre l'objet de la fenfation & la fenfation même. Quoique la fenfation ne puiffe exifter hors de l'efprit, il ne s'enfuit pas delà qu'on doive en dire autant de fon objet.

Phil. De quel objet entendez-vous me parler ? Eft-ce de l'objet des fens ?

Hylas. Oüi.

Phil. Cet objet eft donc, felon vous, apperçu immédiatement ?

Hylas. Sans doute.

Phil. Faites - moi comprendre la différence qu'il y a entre ce qu'on apperçoit immédiatement & une fenfation.

Hylas. J'entends par la fenfation l'acte de l'efprit qui apperçoit. Il y a, outre cela, quelque chofe que l'efprit apperçoit ; & c'eft ce que j'appelle l'objet de la fenfation.

D

Par exemple, il y a du rouge & du jaune dans cette Tulipe ; mais l'acte d'appercevoir ces couleurs n'est qu'en moi.

Phil. De quelle Tulipe me parlez-vous ? Est-ce de celle que nous voyons-là ?

Hylas. De celle-là même.

Phil. Et que voyons-nous là autre chose que couleurs, figure & étendue ?

Hylas. Rien de plus.

Phil. Tout ce que vous dites se réduit donc à avancer que le rouge & le jaune sont coexistans avec de l'étendue ; n'est-ce pas ?

Hylas. Ce n'est pas là tout. J'ajoute encore que ces couleurs ont une existence réelle hors de l'esprit, & dans une substance destituée de la pensée.

Phil. Que les couleurs soient réellement dans la Tulipe que je vois, c'est une chose manifeste ; & on ne sauroit nier non plus que cette Tulipe ne puisse exister indépendamment de votre esprit & du mien. Mais qu'un objet immédiat des sens, c'est-à-dire, une idée ou une combinaison d'idées, puisse exister dans une substance non pensante, ou hors de tous les esprits à la fois, c'est quelque chose qui renferme en soi une contradiction formelle ; & je ne saurois m'imaginer comment vous pourriez le conclure de ce que vous avez dit tout-à-l'heure que le rouge & le jaune étoient dans la Tulipe que vous voyez ; puisque vous ne prétendiez pas voir alors une substance destituée de la pensée.

Hylas. Vous êtes bien adroit, *Philonoüs*, à changer le sujet de la question.

Phil. Je vois que vous voulez qu'on ne vous presse pas sur cet article ; & je reviens par cette raison à la distinction que vous faites entre la sensation & l'objet. Si je vous ai bien compris, vous distinguez dans chaque perception deux choses, dont l'une est un acte de l'esprit, & l'autre n'en est pas un.

Hylas. Précisément.

Phil. Et cet acte ne sauroit exister dans une substance destituée de la pensée, ni lui appartenir ; mais tout ce que la perception renferme de plus, peut y exister.

Hylas. C'est ainsi que je l'entends.

Phil. Et par conséquent, s'il peut y avoir des perceptions qui ne soient accompagnées d'aucun acte de l'esprit, il sera impossible que de semblables perceptions existent dans une substance non pensante ?

Hylas. J'en tombe d'accord ; mais je nie en même-temps qu'il soit possible qu'on éprouve de pareilles perceptions.

Phil. Quand est-ce qu'on dit que l'esprit est actif ?

Hylas. Quand il produit, qu'il détruit, ou qu'il change quelque chose.

Phil. Et peut-il produire, détruire ou changer quelque chose, autrement que par un acte de la volonté ?

Hylas. Il ne le sauroit.

Phil. Il ne faut donc le regarder comme actif dans ses perceptions, qu'autant qu'elles renferment quelque volition ?

Hylas. Il est vrai.

Phil. Lorsque je cueille cette fleur, je suis actif, parce que c'est-là une chose que je fais au moyen d'un mouvement de ma main, c'est-à-dire, en conséquence d'une volition. Je le fuis encore quand j'approche cette même fleur de mon nez. Mais l'une ou l'autre de ces deux chofes feroit-elle ce qu'on appelle fentir ?

Hylas. Point du tout.

Phil. J'agis encore lorfque j'attire l'air à travers mon nez, parce que c'eft auffi par un effet de ma volition que je préfere cette maniere d'infpirer à la maniere ordinaire. Mais c'eft-là une action qu'on ne fauroit non plus nommer fentir; car fi on pouvoit l'appeller de ce nom, il faudroit qu'on fentît toutes les fois qu'on infpireroit de la forte.

Hylas. Cela eft vrai.

Phil. L'odorat n'eft donc que conféquent à tout cela ?

Hylas. Sans doute.

Phil. Mais je ne trouve pas que ma vo-lonté faffe rien de plus à la chofe; & s'il fe paffe en effet quelque chofe de plus en moi, comme il arrive, lorfque je reçois la per-ception de certaine odeur particuliere, ou même de quelque odeur que ce foit, ma volonté n'y a nulle part, & je fuis en cela

entiérement paffif. Ne trouvez-vous pas,
Hylas, qu'il en foit de même de vous?

Hylas. Précifément.

Phil. Prenant le fens de la vue pour
exemple, n'eft - il pas en votre pouvoir
d'ouvrir les yeux, de les tenir fermés, de
les tourner par préférence de tel ou tel côté?

Hylas. Je fuis le maître de tout cela.

Phil. Mais lorfque vous regarderez ce
Jafmin, fera-ce de même une chofe dépen-
dante de votre volonté que d'y appercevoir
du blanc plutôt que toute autre couleur; ou
lorfque vous dirigerez les yeux vers cette
partie du Ciel, pourrez - vous éviter d'y
voir le foleil? En un mot, la lumiere ou
l'obfcurité feroient-elles auffi des effets de
votre volition?

Hylas. Point du tout.

Phil. Vous êtes donc abfolument paffif
à tous ces différens égards?

Hylas. Je l'avoue.

Phil. Dites-moi maintenant fi la vue ne
confifte pas à appercevoir la lumiere & les
couleurs, ou fi elle confifteroit feulement

à ouvrir les yeux & à les tourner de tel ou tel côté.

Hylas. C'eſt ſans doute en ce que vous avez dit d'abord.

Phil. Mais ſi vous êtes abſolument paſſif dans la perception de la lumiere & des couleurs, que ſera donc devenue cette action dont vous me parliez tout-à-l'heure, & que vous paroiſſiez regarder comme devant entrer dans chaque ſenſation ? Ne s'enſuit-il pas de vos aveux qu'une perception de lumiere & de couleur qui ne renfermeroit point d'action, pourroit exiſter dans une ſubſtance qui ne ſeroit point douée de perception ? Et n'eſt-ce pas là une contradiction manifeſte ?

Hylas. Je ne ſais trop qu'en penſer.

Phil. D'ailleurs, ſi vous diſtinguez l'actif & le paſſif dans chaque perception, il faudra en faire autant à l'égard de la douleur. Mais comment ſeroit-il poſſible qu'une douleur auſſi peu active que vous voudriez l'imaginer, exiſtât dans une ſubſtance incapable de perception? Je ne vous demande

D iv

que de réfléchir un peu sur ce point ; & je suis persuadé que vous avouerez ensuite ingénuement que la lumiere & les couleurs, les sons & les goûts font également des passions, c'est - à - dire des sensations qui n'existent que dans l'ame. Vous pourrez, si vous voulez, les appeller des objets extérieurs, & leur donner dans le discours telle subsistance qu'il vous plaira ; mais examinez-vous vous - même là-dessus, & dites-moi après cela si les choses ne font pas comme je l'avance.

Hylas. Je vous avoue , *Philonoüs* , qu'après un examen mûr & circonstancié de tout ce qui se passe dans mon esprit, je n'y saurois découvrir autre chose , sinon que je suis un être pensant , affecté de différentes sensations, & qu'il ne m'est pas possible de concevoir comment une sensation pourroit exister dans une substance qui ne seroit point douée de perception. Mais aussi , lorsque j'envisage les choses sensibles sous un point de vue différent, ou que je les considere comme autant de modes ou de qualités, je trouve qu'il eſt néceſſaire de leur ſuppoſer ce qu'on appelle un *ſubſtratum* ou un *ſoutien* matériel, & qu'on ne ſauroit concevoir ſans cela comment elles pourroient exiſter.

Phil. Un *ſubſtratum* ou un *ſoutien* matériel, dites-vous? Apprenez-moi, je vous prie, auquel de vos ſens vous êtes redevable de la connoiſſance de cet être là.

Hylas. Il n'eſt point ſenſible par lui-même : les ſens ne peuvent en appercevoir que les modes & les qualités.

Phil. Ce ſera donc par la voie de la réflexion & de la raiſon que vous ſerez parvenu à vous en former l'idée?

Hylas. Je ne prétends en avoir aucune vraie idée, aucune idée poſitive; mais je conclus qu'il exiſte, de ce qu'on ne ſauroit concevoir que deux qualités exiſtent ſans un ſoutien.

Phil. Il ſemble donc que vous n'en avez qu'une idée relative, c'eſt-à-dire, que vous ne vous en formez l'idée qu'en tant que vous appercevez la relation qu'il a aux qualités sensibles.

Hylas. Justement.

Phil. Ayez donc la bonté de me faire connoître en quoi cette relation consiste.

Hylas. N'est-elle donc pas assez claire-ment exprimée par les termes *substratum*, *soutien* ou *substance* ?

Phil. En supposant ce que vous dites là, le mot *substratum* emporteroit que la chose qu'il signifieroit fut répandue sous les qua-lités ou les accidens sensibles.

Hylas. Il est vrai.

Phil. Et par conséquent sous l'étendue.

Hylas. J'en conviens.

Phil. Ce seroit donc en soi quelque cho-se d'absolument distinct de l'étendue ?

Hylas. Je vous répete que l'étendue n'est qu'un mode, & que la matiere est quelque chose qui sert de soutien aux modes. Et n'est-il pas évident que la chose soutenue est différente de celle qui soutient ?

Phil. Si bien que vous prétendriez que quelque chose de différent de l'étendue,

& même qui l'excluroit, devroit en être supposé le *substratum* ou le *soutien*.

Hylas. Précisément.

Phil. Répondez-moi, *Hylas* : une chose peut-elle être *répandue* sans être douée d'étendue ? ou l'idée d'étendue n'est-elle pas nécessairement renfermée dans celle d'une chose qui est répandue ?

Hylas. J'avoue que cela est vrai.

Phil. Ainsi toute chose que vous supposerez répandue sous une autre, devra avoir en soi une étendue différente de celle de la chose sous laquelle elle sera répandue.

Hylas. Cela est encore certain.

Phil. Et par conséquent, puisque la substance corporelle est, selon vous, le *substratum* ou le *soutien* de l'étendue, il faudra qu'elle ait en elle-même une autre étendue qui la rende propre à être *substratum* ou *soutien*, & ainsi de suite à l'infini. Or je vous demande si ce n'est pas là une chose absurde en soi, & en même-temps contradictoire à ce que vous m'avez accordé tout-à-l'heure, que le *substratum* ou le *sou-*

tien de l'étendue devroit être quelque chose de distinct de l'étendue, & même qui l'excluroit ?

Hylas. Mais, *Philonoüs*, vous ne prenez pas bien ce que je dis. Je n'entends point que la matiere soit répandue sous l'étendue dans un sens grossier & littéral. On ne se sert du mot *substratum* ou *soutien*, que pour exprimer en général la même chose que signifie le mot *substance*.

Phil. Eh bien, examinons donc la relation que renferme le mot *substance* : n'est-ce pas celle d'être sous les accidens ?

Hylas. C'est cela même.

Phil. Mais pour qu'une chose soit sous une autre, ou qu'elle en soutienne une autre, ne faut-il pas qu'elle soit étendue ?

Hylas. Il le faut.

Phil. Er par conséquent cette supposition n'entraîne-t-elle pas avec elle les mêmes absurdités que la premiere ?

Hylas. Vous prenez toujours ce qu'on dit en un sens étroit & littéral. Cela n'est pas bien, *Philonoüs*.

Phil. Ce n'est point à moi à donner un sens aux mots que vous proférez. Vous êtes maître de les expliquer à votre gré. Tout ce que je vous demande, c'est de faire ensorte qu'ils me présentent quelque sens. Vous me dites que la matiere soutient les accidens, ou qu'elle est sous eux. Comment cela, s'il vous plaît ? Seroit-ce de la maniere dont vos jambes soutiennent votre corps ?

Hylas. Non vraiment ; c'est-là le sens littéral.

Phil. Faites-moi connoître, je vous prie, quelque sens littéral ou non, dans lequel je puisse prendre ces termes..... Combien de temps me ferez - vous encore attendre votre réponse, *Hylas* ?

Hylas. J'avoue que je ne sais que vous dire. J'ai cru autrefois entendre assez bien ce que signifioient ces paroles, *la matiere qui soutient des accidens* ; mais maintenant plus j'y pense, & moins je trouve qu'il me soit possible d'y donner un sens. En un mot, je ne sais en aucune sorte ce qu'elles pourroient fignifier.

Phil. Il femble donc que vous n'avez abfolument aucune idée , ni relative ni pofitive de la matiere. En effet, vous ne favez ni ce qu'elle eft en elle - même , ni quelle relation elle a avec fes accidens; & cela bien que ce foient fes feuls accidens qui vous fourniffent les moyens de la dénommer.

Hylas. Je le reconnois.

Phil. Et cependant vous avez avancé que vous ne fauriez concevoir comment les qualités ou les accidens pourroient exifter réellement fans concevoir en même-temps un foutien matériel auquel ils appartinffent.

Hylas. Il eft vrai que je l'ai affirmé.

Phil. C'eft-à-dire, que lorfque vous concevez l'exiftence réelle des qualités fenfibles , vous concevez en même-temps quelque chofe que vous ne pouvez cependant pas concevoir.

Hylas. Je conviens du tort que j'ai ; mais je crains toujours qu'il ne fe foit gliffé quelqu'erreur dans nos raifonnemens. Que penferiez-vous, s'il vous plaît, de ceci. Il m'eft venu depuis peu dans l'efprit que toutes nos méprifes provenoient de ce que nous traitions de chaque qualité en parti-culier, & féparément des autres. Je vous accorde donc que chaque qualité ne fauroit fubfifter feule hors de l'efprit; que la cou-leur, par exemple, ne le fauroit fans l'éten-due, ni la figure fans quelqu'autre qualité fenfible. Mais comme c'eft l'union & le mélange de plufieurs qualités qui forment les chofes fenfibles entieres, rien n'empê-che que je ne fuppofe en même temps qu'il exifte de ces fortes de chofes hors de l'efprit.

Phil. Ou bien vous voulez rire, *Hylas*, ou bien vous avez peu de mémoire ? Quoi-que nous ayons parcouru l'une après l'au-tre, toutes les qualités fenfibles, mes ar-gumens, ou plutôt les aveux que j'ai tirés de vous, n'ont jamais été bornés à vous prouver que chacune des qualités fecon-daires ne fauroit exifter feule & par elle-même hors de l'efprit; & vous avez, au contraire, toujours pu en inférer qu'aucune de ces qualités ne peut exister hors de l'esprit, de quelque maniere que ce soit. Il est vrai qu'en parlant de la figure & du mouvement, nous avons conclu que ces deux qualités ne sauroient exister hors de l'entendement, parce qu'il seroit impossible de les séparer, même par la pensée, de toutes les qualités secondaires, comme il faudroit pouvoir le faire pour les concevoir existantes par elles - mêmes. Mais ce n'a pas été là le seul argument dont nous ayons fait usage en cette occasion. En effet, passant sous silence, & ne comptant pour rien, si vous le voulez ainsi, tout ce qui a été dit jusqu'à présent, je me retranche à faire dépendre la décision de la question d'un seul point de fait. Je vous demande si vous pouvez concevoir qu'un mélange ou une combinaison de qualités sensibles, ou quelque objet sensible que ce puisse être, existe hors de l'esprit; & au cas que ce soit là une chose que vous puissiez concevoir, je conviens dès-lors avec vous que c'en est une qui a lieu en effet.

Hylas. Si vous réduisez la question à ce point, elle sera bientôt décidée. Quoi de plus aisé que de concevoir un arbre ou une maison existans par eux-mêmes, & indépendamment de tout esprit, c'est-à-dire, sans supposer en même - temps qu'aucun esprit les apperçoive? Je les conçois dans le moment même, existans de la sorte.

Phil. Que dites-vous là ! hé , je vous prie , pourriez-vous voir une chose qui en même-temps ne seroit pas vue de vous ?

Hylas. Non : il y auroit en cela une contradiction manifeste.

Phil. Et n'y auroit-il pas une aussi grande contradiction à dire que vous concevriez une chose qui en même - temps ne seroit pas conçue de vous?

Hylas. Sans doute.

Phil. Vous concevez donc la maison ou l'arbre dont vous me parlez ?

Hylas. Comment pourroit - il en être autrement ?

Phil. Et ce que vous concevez , est sûrement dans votre esprit ?

(90)

Hylas. Cela ne fait point une question : ce que je conçois de moi est dans mon esprit.

Phil. Comment m'avez-vous donc pu dire que vous conceviez une maison ou un arbre, existans indépendamment de tous les esprits & hors de tous les esprits.

Hylas. Je conviens que c'étoit une méprise ; mais arrêtez un peu, & permettez-moi d'examiner ce qui avoit pu m'y conduire. … Vraiment la raison en avoit été assez singuliere. Comme je pensois à un arbre, & que je me le figurois dans un endroit écarté où il n'y auroit eu alors personne qui eût pu le voir, s'il y eût été en effet, il m'a paru que c'étoit concevoir un arbre comme existant hors de l'esprit, c'est-à-dire, comme existant, sans qu'il fût néanmoins apperçu ou qu'on y pensât ; & je ne faisois pas attention que je l'appercevois & que j'y pensois moi - même pendant tout ce temps-là. Mais je vois à présent clairement que tout ce que je puis faire sur ce sujet consiste à me former des idées dans l'esprit.

Il est, à la vérité, en mon pouvoir de concevoir dans ma pensée l'idée d'un arbre, d'une maison, ou d'une montagne ; mais c'est-là tout, & il s'en faut bien que cela ne prouve que je puisse concevoir les choses dont j'ai parlé comme *existantes hors des entendemens de tous les esprits.*

Phil. Vous convenez donc qu'il ne vous feroit pas possible de concevoir comment quelque chose de corporel & de sensible existeroit autre part que dans un esprit ?

Hylas. Je le reconnois.

Phil. Et cependant vous soutenez avec chaleur la réalité de choses que vous ne pouvez pas même concevoir.

Hylas. J'avoue que vous me persuadez ; cependant il me reste toujours quelques scrupules. N'est - il pas certain que nous voyons les choses à une distance déterminée ? N'appercevons-nous pas, par exemple, la lune & les étoiles dans un très-grand éloignement ? n'est-ce pas là, dis-je, une chose manifeste aux sens ?

Phil. N'appercevez-vous pas aussi dans

les songes les mêmes objets, ou des objets semblables ?

Hylas. Oui.

Phil. Et ne vous paroissent-ils pas alors dans ce même éloignement ?

Hylas. Il est vrai.

Phil. Mais vous ne concluez pas que les objets que les songes vous offrent soient hors de votre esprit ?

Hylas. Nullement.

Phil. L'apparence des objets sensibles, ni la maniere dont les objets sont apperçus de vous, ne doivent donc pas vous suffire pour conclure que ces mêmes objets existent hors de l'esprit.

Hylas. J'en conviens ; mais mes sens ne me tromperoient - ils pas en ces occasions ?

Phil. Cela ne se peut. Ni vos sens ni votre raison ne vous apprennent que l'idée ou la chose que vous appercevez immédiatement existe actuellement hors de votre esprit. Tout ce que vos sens en particulier vous font connoître, c'est que vous êtes

affecté de certaines senfations de lumiere ,
de couleurs, &c; & quant à ces senfations,
vous ne direz pas qu'elles exiftent hors de
votre efprit.

Hylas. Je vous l'accorde ; mais après tout ,
ne penfez-vous pas que la vue porte à l'efprit
quelque idée d'extériorité ou de diftance ?

Phil. Pour pouvoir mieux répondre à
cette queftion, trouvez bon que je vous
demande moi - même fi la groffeur appa-
rente & la figure d'un objet éloigné , ne
changent pas continuellement, à mefure
qu'on s'en approche de plus en plus , ou
s'il feroit vrai de dire qu'elles paroiffent les
mêmes à toutes les diftances ?

Hylas. Elles varient continuellement.

Phil. Mais fi à mefure que vous vous
approchez davantage d'un objet vifible que
vous avez apperçu immédiatement , il fe
préfente fucceffivement à votre efprit une
fuite continue d'objets vifibles différens , le
fens de la vue ne fauroit alors vous donner
lieu de penfer, ni à plus forte raifon vous
apprendre en aucune maniere , que cet

objet exifte à une certaine diftance, ou que
vous l'appercevrez encore lorfque vous
vous ferez plus avancé vers lui.

Hylas. Non : mais lorfque je vois un
objet, je fais du moins quel autre objet
j'appercevrai quand je ferai parvenu à une
certaine diftance de l'endroit où je fuis
placé ; & foit que ce doive être exactement
le même ou non, il y a toujours dans la
perception que j'en ai , quelque chofe qui
fe rapporte à *de la diftance.*

Phil. Mon cher *Hylas ,* faites feulement quelques réflexions fur le fujet que
nous difcutons maintenant, & dites-moi
enfuite fi vous aurez trouvé autre chofe ,
finon que l'expérience vous a appris à
inférer des idées que vous appercevez actuellement par la vue , quelles autres
idées doivent vous affecter après une certaine fucceffion de temps & de mouvemens , conformément à l'ordre qui eft
établi dans la nature.

Hylas. Tout confidéré, je penfe qu'il n'y
a rien de plus dans tout cela.

Phil. Or n'est-il pas clair que si nous supposons qu'un aveugle né vînt tout-à-coup à être doué de la vue, il n'auroit aucune expérience des idées auxquelles celles qu'il recevroit par la vue devroient le conduire ?

Hylas. Cela est indubitable.

Phil. Il n'attacheroit donc, selon vous, aucune notion de distance aux choses qu'il verroit ; mais il les prendroit pour un nouvel ordre de sensations qui ne pourroient exister autre part que dans son esprit.

Hylas. On ne sauroit le contester.

Phil. Pour vous rendre la chose encore plus claire, dites-moi un peu si toute distance n'est pas une droite qui se termine à l'œil ?

Hylas. Sans contredit.

Phil. Et pensez-vous qu'une ligne située de la sorte puisse être apperçue par l'organe de la vue ?

Hylas. Nullement.

Phil. Et par conséquent ne s'ensuit-il pas delà que la distance n'est point apperçue proprement & immédiatement par la vue?

Hylas. Cela me paroîtroit ainſi.

Phil. Allons plus loin; croiriez-vous que les couleurs fuſſent ſituées à une certaine diſtance de l'œil qui les apperçoit?

Hylas. Il faut convenir, au contraire, qu'elles ne peuvent exiſter autre part que dans l'eſprit.

Phil. Mais les couleurs ne paroiſſent-elles pas cependant à nos yeux coexiſter avec l'étendue & les figures?

Hylas. Cela eſt vrai.

Phil. Comment donc votre vue pourroit-elle vous ſervir à conclure que les figures exiſtent hors de votre eſprit, puiſque de votre aveu il en eſt autrement des couleurs, & que l'apparence ſenſible eſt d'ailleurs la même des deux parts?

Hylas. Je ne ſais que répondre à ce que vous me dites-là.

Phil. Mais quand on vous accorderoit que l'eſprit apperçût véritablement & immédiatement la diſtance, ce n'en ſeroit pas néanmoins aſſez pour pouvoir conclure que

la

la distance existât hors de l'esprit. En effet, toutes les choses que nous appercevons immédiatement sont des idées, & aucune idée peut-elle exister hors de l'esprit ?

Hylas. Ce seroit une absurdité que de le supposer : mais apprenez – moi, je vous prie, *Philonoüs*, si nous pouvons appercevoir ou connoître rien de plus que nos propres idées ?

Phil. Il n'est point question ici des moyens que la raison pourroit nous fournir pour remonter des effets à leurs causes ; & quant à ce qui regarde les sens, vous pouvez décider vous-même si vous appercevez par leur moyen rien que vous n'apperceviez immédiatement. Je vous demande donc de mon côté si vous appercevez immédiatement autre chose que vos propres sensations ou vos propres idées. Il est vrai que vous vous êtes expliqué plus d'une fois là-dessus dans le cours de notre entretien ; mais cette derniere question que vous me faites, me donne lieu de juger que vous pourriez avoir abandonné votre premier sentiment.

E

Hylas. À vous dire la vérité, *Philonoüs*, je croirois qu'il y a deux fortes d'objets ; les uns qui font dans l'ame même, qu'on apperçoit par conféquent immédiatement, & qu'on appelle par cette raifon des *idées* ; & les autres extérieurs à l'ame, qui font ces chofes réelles qu'on apperçoit par la médiation des idées, & dont les idées font les images & les repréfentations. Or je conviens que les idées ne fauroient exifter hors de l'efprit ; mais je ne penfe pas la même chofe de la derniere forte d'objets dont je viens de vous parler. Je fuis fâché de ne vous avoir pas fait plutôt cette diftinction ; elle auroit vraifemblablement préve-nu ce que vous m'avez dit en dernier lieu.

Phil. Et ces objets extérieurs, eft-ce par les fens ou par quelqu'autre faculté qu'on les apperçoit ?

Hylas. C'eft par les fens.

Phil. Comment ! on apperçoit donc par les fens quelque chofe qu'on n'apperçoit pas immédiatement ?

Hylas. Oui, *Philonoüs*, cela eft vrai à

quelques égards ; par exemple , quand je regarde un Tableau ou une Statue qui re-présente Jules-Céſar, on peut dire d'une certaine maniere que j'apperçois Jules-Céſar par les ſens, quoique ce ne ſoit pas immédiatement.

Phil. Il ſemble donc que vous penſez que nos idées , qui ſont les ſeules choſes que nous appercevions immédiatement, ſont les portraits des choſes extérieures ; & que nos ſens apperçoivent les choſes exté-rieures , au moyen de la conformité ou de la reſſemblance qu'elles ont avec nos idées.

Hylas. C'eſt ce que je voulois dire.

Phil. Et comme dans votre exemple Jules-Céſar, tout inviſible qu'il eſt en lui-même , eſt néanmoins apperçu par la vue, les choſes réelles qui ne peuvent non plus être apperçues par elles-mêmes, n'en ſont cependant pas moins propres à être ap-perçues par les ſens.

Hylas. Préciſémeent.

Phil. Dites-moi, *Hylas*, lorſque vous appercevez le portrait de Jules-Céſar, vos yeux voient-ils rien de plus que quelques couleurs & quelques figures , avec une certaine symétrie & une certaine composition de ces deux choses ?

Hylas. Nullement.

Phil. Et un homme qui n'auroit jamais entendu parler de Jules-César, n'en verroit-il pas autant ?

Hylas. J'en conviens.

Phil. Sa vue, & l'usage qu'il en feroit, ne le céderoient donc point en perfection ni à la vôtre ni à l'usage que vous faites de la vôtre ?

Hylas. J'en conviens encore.

Phil. D'où vient donc que vos pensées se rapportent à l'Empereur Romain, & qu'il n'en feroit pas de même de celles de l'homme dont nous parlons ? C'est une chose dont vous ne sauriez trouver la cause dans les sensations ou les idées des sens que vous appercevez alors ; puisque vous reconnoissez n'avoir à cet égard aucun avantage sur ce même homme : il faut donc la chercher dans votre raison & dans votre mémoire, n'est-ce pas ?

Hylas. A la bonne heure.

Phil. Et par conséquent il ne s'ensuit point du tout de votre exemple que vos sens apperçoivent quelque chose qu'ils n'apperçoivent pas immédiatement. Je vous avouerai cependant qu'on peut dire, suivant une certaine acception des mots, qu'on apperçoit les choses sensibles par la médiation des sens ; & c'est en tant que la connexion qu'on a fréquemment observée entre deux idées, fait que la perception immédiate de l'une, laquelle on a eue par le moyen d'un sens, réveille dans l'esprit les perceptions des autres, lesquelles sont ordinairement liées avec celle-ci, & peuvent appartenir à un autre sens. J'entends, par exemple, le bruit d'un carosse qui passe dans la rue : je n'apperçois alors immédiatement que du son ; & quoique l'expérience que j'ai qu'un pareil son est lié d'ordinaire à la présence d'un carosse, puisse me faire dire que j'entends le carosse, il est néanmoins très-évident que dans le vrai & dans la rigueur des termes, je ne puis en

E iij

rendre autre chose que du son. Ce n'est donc pas proprement par le sens de l'ouie que j'apperçois alors le carosse ; mais c'est l'expérience qui en suggére l'idée à mon esprit, à l'occasion du son que j'ai apperçu par le sens de l'ouie. De même, lorsque nous disons que nous voyons une barre de fer rouge, la solidité & la chaleur du fer ne sont pas alors les objets de notre vue ; mais les idées de ces qualités sont réveillées dans notre imagination par la couleur & la figure que notre vue apperçoit proprement. En un mot, nos sens n'apperçoivent jamais autre chose, en tel temps que nous puissions choisir pour exemple, que ce qu'ils appercevroient, si c'étoit le premier moment où nous en fissions usage ; & il est évident que c'est l'expérience que nous tirons de nos perceptions antérieures, qui offre & qui suggére seule tout le reste à notre esprit. Pour revenir maintenant à votre comparaison du portrait de Jules-César, il est clair que si vous vous en tenez à cet exemple, vous ne sauriez vous empêcher de convenir que les choses réelles ou les archétypes de nos idées, ne sont nullement apperçues par nos sens, & qu'elles ne le sont, au contraire, que par quelque faculté interne de notre ame, comme la raison ou la mémoire. Je desirerois donc de savoir de vous quels argumens vous pouvez tirer de la raison, pour prouver l'existence de ce que vous appellez les choses extérieures ou les objets matériels ; ou bien si vous vous ressouviendriez d'avoir vu autrefois ces choses telles qu'elles sont en elles-mêmes, ou d'avoir oui dire, ou lu quelque part, que quelqu'autre que vous eût jamais eu cet avantage ?

Hylas. Je vois, *Philonoüs*, que vous avez envie de railler. Mais ce n'en sera jamais assez pour me convaincre.

Phil. Je ne me propose rien de plus que de savoir de vous comment il faut s'y prendre pour parvenir à la connoissance de ces êtres matériels dont vous me parlez. Tout ce que nous appercevons, nous l'appercevons ou immédiatement ou médiatement.

ou par les sens, ou par la raison & les réflexions ; & puisque vous avez donné l'ex-
clusion à la voie des sens, il ne me reste
plus qu'à vous prier de me montrer comment la raison peut vous porter à croire à
l'existence de ces mêmes êtres, & quel raisonnement vous pourriez mettre en usage
pour m'en convaincre , & , si vous aimez
mieux , pour vous en convaincre vous-
même ?

Hylas. Pour vous parler avec ingénuité,
Philonoüs , à présent que je considere la
chose à fond , je n'apperçois aucune bonne
raison qu'il me soit possible de vous donner
pour cela : mais aussi me paroît-il très-clair
qu'on ne sauroit au moins disconvenir que
les objets extérieurs ne puissent exister réellement ; & puisqu'il n'y a point d'absurdité
à supposer qu'ils existent en effet de la
sorte , je suis résolu à m'en tenir à ce que
j'ai cru jusqu'ici là-dessus, à moins que vous
ne m'apportiez des preuves convaincantes
pour me persuader du contraire.

Phil. Hé quoi ! en êtes-vous déjà au point

de ne pouvoir vous empêcher d'avouer que vous n'avez d'autre raison de croire à l'existence des objets extérieurs à l'esprit, que leur seule possibilité, & de me demander, après cet aveu, sur quelles raisons je pourrois me déterminer à rejetter votre sentiment ; & cela, quoique vous ne puissiez ignorer que la raison veut que ce soit celui qui soutient une affirmative qui soit tenu à produire ses preuves. Après tout, ce même point que vous êtes maintenant résolu à soutenir, sans avoir aucune raison de le faire, n'est en effet autre chose que ce que vous avez cru plus d'une fois, dans le cours de cet entretien, être forcé par de très-bonnes raisons à abandonner entiérement. Mais pour passer là-dessus, vous dites, si je vous entends bien, que nos idées n'existent point hors de l'esprit, & que ce ne sont que des copies, des images ou des représentations de certains originaux qui existent hors de l'esprit ?

Hylas. Précisément.

E v

Phil. Elles reſſemblent donc aux objets
extérieurs ?

Hylas. Sans doute.

Phil. Cès objets extérieurs ne ſont-ils
pas d'une nature permanente & indépendante de nos ſens ; ou ſeroient-ils ſujets
à des changemens continuels, ſuivant qu'il
nous plairoit de produire des mouvemens
dans notre corps, ou bien encore ſuivant
que les facultés ou les organes de nos ſens
ſeroient en exercice, ou qu'ils ſeroient
ſuſpendus , ou qu'ils ſouffriroient même
quelque altération ?

Hylas. Il eſt clair que les êtres réels
doivent avoir une nature réelle & fixe,
qui reſte toujours la même, malgré les
changemens qui peuvent ſurvenir, ſoit dans
nos ſens, ſoit dans les attitudes , ou les
mouvemens des différentes parties de notre
corps. Tous ces changemens peuvent influer
ſur les idées que nous avons dans l'eſprit;
mais leurs effets ne ſauroient s'étendre juſ-
que ſur les choſes qui exiſtent hors de nous.

Phil. Comment peut-il donc ſe faire

que des choses continuellement variables ,
& , pour ainsi dire flottantes , telles que
sont nos idées , soient des copies ou des
images de quelque chose de fixe & de cons-
tant? Ou en d'autres termes , puisque toutes
les qualités sensibles , telles que la grandeur, la figure , la couleur, &c. ; en un mot ,
toutes nos idées , participent ou se sentent
à chaque instant de la moindre altération
qui peut survenir dans la distance, le milieu
ou les instrumens de la sensation , comment
aucun objet matériel déterminé pourra-t-il
être successivement représenté ou dépeint
à notre esprit par plusieurs choses distinctes
les unes des autres , & dont chacune en
particulier sera si différente de toutes les
autres & leur ressemblera si peu? Et si vous
me dites que cet objet ne ressemblera qu'à
quelques-unes de nos idées seulement ,
comment pourrons-nous alors distinguer
la vraie copie de toutes les autres que vous
avouerez être fausses?

Hylas. Je ne vous cache point que vous

m'embarraffez beaucoup : je ne fais que dire à tout cela.

Phil. Ce n'eft cependant pas là tout. Lequel des deux croyez-vous que les objets matériels foient en eux-mêmes propres à être apperçus, ou imperceptibles ?

Hylas. Nous ne pouvons appercevoir proprement & immédiatement que des idées. Ainfi les chofes matérielles font en elles-mêmes infenfibles, & ne peuvent être apperçues que par la médiation de leurs idées.

Phil. C'eft-à-dire, que les idées font fenfibles, & que leurs achétypes ou originaux font infenfibles ?

Hylas. Juftement.

Phil. Mais comment ce qui eft fenfible peut-il être femblable à ce qui eft infenfible ? Une chofe qui eft actuellement *invifible* en elle-même, peut-elle donc reffembler à une *couleur* ? Ou une chofe qu'on ne fauroit *entendre*, peut-elle être femblable à un fon ? En un mot, y a-t-il rien qui puiffe reffembler à une fenfation ou à une idée de quelqu'efpece que ce foit, fi ce n'eft une autre senfation ou une autre idée de même efpece ?

Hylas. Je fuis obligé de vous avouer que je crois que non.

Phil. Eft-il poffible que vous formiez le moindre doute là-deffus ? N'avez-vous donc pas une connoiffance parfaite de vos propres idées ?

Hylas. Je les connois fans doute parfai-ment, puifque rien de ce que je n'apperçois point, ou de ce que je ne connois point, ne fauroit en faire partie.

Phil. Confidérez-les donc avec atten-tion, examinez-les, & dites-moi enfuite fi vous y trouvez la moindre chofe qui puiffe exifter hors de l'efprit, ou fi vous pouvez concevoir rien qui leur reffemble, & qui en même-temps exifte hors de l'efprit ?

Hylas. Les recherches que je fais là-def-fus aboutiffent à me convaincre qu'il m'eft impoffible de concevoir ou d'entendre com-ment autre chofe qu'une idée pourroit ref-fembler à une idée ; & il eft très-évident qu'aucune idée ne fauroit exifter hors de l'efprit.

Phil. Vos principes vous conduisent donc nécessairement à nier la réalité des objets sensibles, puisque vous avez fait consister cette réalité dans une existence absolue extérieure à l'esprit. Vous êtes donc un vrai Sceptique, & par conséquent je suis venu à bout de ce que je me proposois dans notre dispute, je veux dire, de faire voir que vos principes conduisoient au Scepticisme.

Hylas. Si je ne suis pas tout-à-fait convaincu, me voilà au moins réduit pour le présent au silence.

Phil. Vous me feriez plaisir de me dire ce que vous pourriez desirer de plus pour qu'il ne manquât rien à votre conviction. Ne vous ai-je point laissé la liberté de vous expliquer de toutes les manieres que vous avez voulu ? Penseriez-vous que dans le feu du discours il eût pu nous échapper des méprises que nous aurions mises ensuite mal-à-propos en principes dans quelque raisonnement ? N'avez-vous pas été le maître de vous rétracter, ainsi que d'ap-

puyer tout ce que vous m'avez proposé
de la maniere que vous avez jugée la plus
convenable aux vues que vous aviez? N'ai-
je pas écouté & difcuté tout ce que vous
m'avez allégué avec toute la candeur poffible? En un mot, n'avez-vous pas été convaincu fûr chaque article par vos propres
aveux? Et fi vous pouvez maintenant découvrir quelqu'érreur dans quelques - uns
de ceux que vous m'avez faits, ou imaginer
quelque fubterfuge qui vous refteroit,
quelque nouvelle diftinction à m'apporter,
un nouveau tour à donner à quelque chofe
que vous m'ayez dit, ou quelque com-
mentaire à y ajouter, pourquoi ne vous
mettez-vous pas en devoir de le faire?

Hylas. Un peu de patience, *Philonoüs.*
Je fûis, quant à préfent, fi interdit de me
trouver arrêté dans les labyrinthes où vous
avez eu l'adreffe de m'attirer, qu'il ne faut
pas vous attendre que je découvre tout
d'un coup les chemins par où je pourrois
en fortir. Je vous demande du temps pour
y fonger, & pour me reconnoître.

Phil. Ecoutez, je vous prie, n'eft-ce pas la cloche de notre Collége que j'entends?

Hylas. Elle nous appelle à la Priere.

Phil. Allons-y donc ; & fi cela vous fait plaifir, nous nous retrouverons demain matin en ce même endroit. Vous pourrez, en attendant, faire vos réflexions fur la converfation que nous venons d'avoir enfemble, & chercher en même-temps à découvrir s'il fe feroit gliffé des fauffetés dans ce que j'ai avancé, ou à imaginer quelque nouveau moyen de vous tirer d'affaire.

Hylas. Volontiers.

SECOND

DIALOGUE.

HYLAS. Je vous demande pardon, *Philonoüs*, de n'être par arrivé plutôt à notre rendez-vous; j'ai eu, toute la matinée, la tête si remplie de notre converfation d'hier, que j'en ai oublié de penfer à l'heure qu'il étoit, & même à toute autre chofe.

Phil. Je fuis charmé que vous vous en foyiez tant occupé, parce que cela me fait efpérer que s'il s'eft gliffé quelqu'erreur dans les aveux que vous m'avez faits, ou quelque fauffeté dans les inductions que j'en ai tirées, vous allez maintenant me les faire appercevoir.

Hylas. Je vous protefte que depuis que je ne vous ai vu, je n'ai fait autre chofe que chercher des erreurs & des fauffetés dans notre converfation ; & que pour y en découvrir, j'ai même examiné dans le plus grand détail la fuite entiere de nos difcours : mais toutes ces recherches ont été vaines. Plus j'ai réfléchi fur les notions que j'ai reçues de vous, plus elles m'ont paru claires & évidentes ; & plus j'y penfe encore, plus je trouve qu'il me feroit impoffible de leur refufer mon acquiefcement.

Phil. Et n'eft-ce pas là, felon vous, une marque que ces mêmes notions font juftes, qu'elles tirent leur origine de la nature, & qu'elles font conformes à la droite rai-fon ? La vérité & la beauté ont cela de femblable, qu'à mefure qu'on les examine de plus près, elles paroiffent l'une & l'autre de plus en plus à leur avantage ; au-lieu que le faux éclat de l'erreur ou du mafque ne fouffre point l'examen, & qu'il ne fauroit foutenir d'être vu de près.

Hylas. J'avoue qu'il y a beaucoup de

folidité dans ce que vous m'avez dit là ; &
tant que j'ai devant les yeux les raifonnemens qui conduifent à de fi étranges conféquences, on ne fauroit être plus pleinement
convaincu que je le fuis de leur vérité : mais
pour peu que j'en éloigne mon efprit, je
trouve d'un autre côté quelque chofe de fi
fatisfaifant, de fi naturel, & de fi intelligible dans la maniere dont les Modernes
expliquent les mêmes phénomenes, que je
ne fais non plus comment rejetter leur
fentiment.

Phil. J'ignore de quelle explication vous
voulez me parler.

Hylas. Je parle de celle qu'on donne de
nos fenfations & de nos idées.

Phil. Et comment s'y prend-t-on pour
rendre raifon de la maniere dont nous en
fommes affectés ?

Hylas. On fuppofe que l'ame fait fa
réfidence dans quelque partie du cerveau,
de laquelle les nerfs tirent leur origine,
pour fe diftribuer enfuite dans toutes les
parties du corps ; que les objets extérieurs

communiquent des mouvemens de vibration aux nerfs, en vertu des différentes impreſſions qu'ils font ſur les organes des ſens; que les nerfs qui ſont remplis d'eſprits, ont par cette raiſon la faculté de porter ou de répandre ces ſortes de vibrations juſqu'au cerveau, ou au ſiege de l'ame; enfin, que notre eſprit eſt affecté de différentes idées, ſuivant les différentes impreſſions ou les différentes traces que tout cela forme dans le cerveau.

Phil. Et eſt-ce là ce que vous appellez une explication de la maniere ſuivant laquelle nous ſommes affectés de différentes idées ?

Hylas. Pourquoi non, *Philonoüs* ? Auriez-vous quelque choſe à m'objecter là-deſſus ?

Phil. Je voudrois ſavoir d'abord ſi j'ai bien pris votre hypotheſe. Vous prétendez que certaines traces qui ſe formeroient dans le cerveau, pourroient être les cauſes ou les occaſions de nos idées. Dites-moi, je vous prie, ſi par le mot *cerveau*, vous entendez quelque chofe de fenfible ?

Hylas. Quelle autre chofe pourrois-je donc entendre par ce mot ?

Phil. Mais les chofes fenfibles ont toutes la propriété de pouvoir être apperçues immédiatement : les chofes que nous pouvons appercevoir immédiatement ne peuvent d'ailleurs être que des idées : enfin, les idées ne fauroient exifter que dans l'efprit feulement. Ce font là, fi je ne me trompe, autant d'articles dont nous fommes déjà convenus

Hylas. Je ne vous le contefte point.

Phil. Et par conféquent le cerveau dont vous me parlez, & qui eft une chofe fenfible, n'exifte que dans l'efprit. Or je voudrois fort favoir fi vous penferiez qu'il fût raifonnable de dire, qu'une de nos idées, ou une chofe qui n'exifteroit que dans notre efprit, feroit l'occafion de toutes nos autres idées ; & au cas que vous jugeaffiez que ce fût là en effet une chofe raifonnable, je vous prierois alors de m'apprendre comment vous expliqueriez l'origine de cette idée premiere, ou du cerveau même.

Hylas. Ce n'eft point par ce cerveau que nos fens apperçoivent, & qui n'eft lui-même autre chofe qu'une combinaifon d'idées fenfibles, que je prétendrois vous expliquer l'origine de toutes nos autres idées, mais par un autre que j'imagine.

Phil. Mais les chofes que nous imaginons, ne font-elles pas auffi véritablement dans notre efprit, que celles que nous appercevons ?

Hylas. Je ne faurois m'empêcher d'en convenir.

Phil. Ce dernier fentiment reviendroit donc en effet à celui dont je vous parlois ; & puifque vous n'avez fait jufqu'ici autre chofe que de tâcher de m'expliquer l'origine des idées par certains mouvemens, ou certaines impreffions qu'on fuppoferoit dans le cerveau, vous avez prétendu par confé-quent pouvoir expliquer ce phénomene par quelques altérations qui furviendroient dans une idée, fenfible ou imaginable, qu'im-porte ?

Hylas. Je commence à foupçonner un peu mon hypothefe.

Phil. Tout ce que nous connoissons de différent des esprits se réduit à nos propres idées. Lorsque vous dites que toutes les idées sont occasionnées par des impressions qui se font dans le cerveau, je puis donc vous demander si vous concevez ce cerveau, ou si vous ne le concevez pas ; & ajouter à cela que si vous le concevez, vous me parlez d'idées imprimées dans une autre idée, & vous voulez que celle-ci soit la cause de celles-là, ce qui est absurde ; & que si vous ne le concevez pas, vous me parlez d'une maniere tout-à-fait inintelligible, bien loin de me proposer une hypothese fondée en raison.

Hylas. Je vois maintenant clairement que tout ce que je vous disois là n'étoit qu'un beau songe, & que mon systême étoit entiérement destitué de solidité.

Phil. Ne vous en affligez pas beaucoup ; car après tout, cette maniere d'expliquer les choses, pour me servir de vos termes, ne pourroit jamais satisfaire aucune personne sensée. Quelle liaison y a-t-il entre

un mouvement dans les nerfs , & les fenfations du fon ou de la couleur que l'ame
reçoit ? ou comment feroit-il poffible que
les dernieres de ces chofes fuffent l'effet
de la premiere ?

Hylas. Mais je n'aurois jamais penfé qu'il
y eût fi peu de fondement à tout cela que
je le vois maintenant.

Phil. Eh bien donc , êtes-vous enfin
pleinement convaincu que les chofes fenfibles n'ont point d'exiftence réelle , &
avouez-vous que dans le vrai vous êtes un
Sceptique tout-à-fait indécis ?

Hylas. La chofe eft trop claire pour m'y
oppofer.

Phil. Tournez les yeux , *Hylas :* voyez
ces campagnes ; ne font-elles pas couvertes
d'une verdure charmante ? ne trouvez-vous
pas dans ces bois & ces bofquets, dans ces
ruiffeaux & ces fources d'une eau claire ,
quelque chofe qui flatte l'efprit, qui le fa-
tisfait & qui le tranfporte. A la vue du vafte
& profond Océan , de quelques montagnes
énormes dont le fommet fe perd dans les
nues.

nues, ou d'une forêt antique & fombre,
votre efprit ne fe fent-il point rempli
d'une efpece d'horreur, où vous découvrez
néanmoins encore, je ne fais quoi, qui vous
plaît ? L'afpect fauvage des rochers & des
déferts n'a-t-il pas auffi fes agrémens ?
Quelles délices plus pures, que d'admirer
les beautés naturelles de la terre ? Le voile
de la nuit ne vient-il pas alternativement
fe répandre fur elle, & nous la découvrir,
pour renouveller le plaifir que nous goûtons
à la contempler ; & ne fe joint-il pas aux
faifons pour en varier la parure ? Quel
concert dans la difpofition mutuelle des
Elémens ! Que de variétés & d'ufages dans
les pierres & les minéraux ! Quelle délica-
teffe, quelle beauté, & quel artifice dans
la conftruction des corps des animaux &
des végétaux ! Avec combien de juftefse
toutes ces chofes ne fe rapportent-elles
point, foit à leurs fins particulieres, foit à
la conftitution du tout dont elles font
autant de parties ? Et en même-temps
qu'elles s'entraident & qu'elles fe foûtien-

F

ment les unes les autres dans leurs actions,
ne contribuent-elles pas en cette forte à fe
donner du jour, & à s'embellir mutuellement ? De cette boule de terre, élevez
maintenant vos regards jufqu'à ces lumi-
naires éclatans qui ornent la voûte célefte.
Les fituations refpectives & les mouvemens
des planetes ne font-ils point véritablement
merveilleux, foit par l'ordre qui y regne,
foit par leurs ufages ? Ces globes qu'on
avoit mal-à-propos nommés errans, fe
font-ils jamais écartés de leurs routes dans
ces voyages immenfes qu'ils ont recom-
mencés tant de fois ? Les chemins qu'ils
ont parcourus de tous les temps autour
du foleil, ont-ils jamais manqué de répondre à des aires de fecteurs elliptiques
proportionnelles aux temps dans lefquels
ils ont été parcourus ? Tant il eft vrai que
les loix, fuivant lefquelles l'Auteur invifible de la nature agit dans l'Univers, font
conftantes & immuables ! Combien la lumiere que jettent les étoiles fixes, n'eft-elle
pas vive & brillante ? Que de magnificence

& de richeſſe ne décele point cette négli-
gente profuſion avec laquelle elles paroiſſent
répandues au haſard dans la profondeur
immenſe de toute la voûte azurée ? Cependant ſi vous prenez un téleſcope, cette
même voûte vous offrira alors de nouvelles
légions d'étoiles qui auroient échappé à
vos yeux deſtitués de ce ſecours. D'ici
elles vous paroiſſent extrêmement petites,
& comme ſe toucher ; mais en approchant
d'aſſez près, vous découvririez en elles des
globes immenſes de lumiere, ſitués à des
diſtances prodigieuſes les uns des autres,
& qui ſe perdent dans les abîmes de l'eſpace.
C'eſt maintenant qu'il eſt néceſſaire de
vous aider de votre imagination. Les ſens
ſont trop foibles, & la ſphere de leur
portée trop étroite, pour pouvoir ſaiſir des
mondes innombrables, qui tournent autour
d'autant de feux placés à leurs centres, &
l'énergie d'un eſprit ſouverainement parfait, qui ſe déploie dans chacun d'eux ſous
une infinité de formes. Mais ni les ſens ni
l'imagination n'ont aſſez de force pour

comprendre l'étendue fans bornes avec tous fes riches ameublemens. Que l'efprit de l'homme travaille tant qu'il voudra, & qu'il donne tel exercice qu'il lui plaira à toutes fes facultés, il ne pourra jamais pouffer fi loin les idées qu'il fe fera formées, qu'il ne refte encore après cela un furplus immenfe où il n'aura pu atteindre. Cependant, quelque diftance qu'il y ait entre ces vaftes corps qui compofent la fabrique étonnante du monde, ils n'en font pas moins retenus, & comme enchaînés par un méchanifme fecret, par quelque art, & par quelque force divine, dans la dépendance les uns des autres, & dans un commerce mutuel les uns avec les autres, même avec cette terre qui échappe prefque à ma penfée, & fe perd dans la foule des mondes. Le fyftê- me total de ces mêmes corps n'eft-il pas enfin immenfe, beau & glorieux au-deffus de l'expreffion & de la penfée? Quel traite- ment ne méritent donc pas ces Philofophes, qui voudroient priver un fpectacle fi ravif- fant de toute réalité, & quel accueil pourrions-nous faire à des principes qui nous meneroient à penser que toutes les beautés visibles de la création, semblables à un espece de clinquant, n'ont qu'un brillant passager, faux & imaginaire. Pour parler sans détour, pouvez-vous vous flatter que ce Scepticisme, où ceux qui suivent vos sentimens se sont laissés entraîner, ne soit pas regardé comme la chose la plus absurde & la plus extravagante, par tous les gens sensés ?

Hylas. Tout autre que vous pourra en penser ce qu'il lui plaira ; mais quant à vous, vous n'avez rien à me reprocher là-dessus : ce qui pourroit me consoler un peu, c'est que vous n'êtes pas moins Sceptique que moi.

Phil. C'est en quoi, *Hylas*, je ne suis point du tout de votre avis.

Hylas. Quoi, vous m'auriez jusqu'ici accordé toutes les prémisses, & vous prétendriez vous refuser aux conséquences, & me laisser ainsi soutenir seul des paradoxes où vous m'avez vous-même conduit ?

Certainement cela ne seroit pas joli
Phil. Je ne conviens pas avec vous d'a-
voir admis aucune notion qui pût conduire
au Scepticisme. Vous avez dit, il est vrai,
que la réalité des choses sensibles consistoit
en une existence absolue hors des esprits,
ou distincte de la qualité que ces choses
ont d'être apperçues; & suivant cette notion
de la réalité, vous êtes obligé de refuser
toute existence aux choses sensibles, c'est-
à-dire, qu'en conséquence de votre propre
définition, vous devez faire profession du
Scepticisme. Mais je n'ai, quant à moi,
ni dit ni pensé que la réalité des choses
sensibles pût être définie de la sorte. Il
m'est évident à moi, par les raisons dont
vous êtes tombé d'accord, que les choses
sensibles ne peuvent exister autre part que
dans un entendement ou un esprit; & je
conclus delà, non qu'elles n'ont pas une
existence réelle, mais qu'attendu qu'elles
ne dépendent point de ma pensée, ou
qu'elles ont une existence distincte de la
qualité d'être apperçues de moi, *il faut*

qu'il y ait quelqu'autre esprit dans lequel elles existent. Ainsi, autant qu'il est certain que le monde sensible existe réellement, autant l'est-il qu'il existe un Esprit infini, & présent par-tout, qui le contient & qui le soutient.

Hylas. Hé quoi ! il n'y a en cela rien de plus que ce que je pense aussi de mon côté avec tous les Chrétiens, & même avec tous les autres hommes qui croient qu'il existe un Dieu, lequel connoît & comprend toutes choses.

Phil. Oui ; mais avec cette différence que le motif qu'on a d'ordinaire pour croire que toutes les choses sont connues, ou apperçues de Dieu, consiste en ce qu'on est déjà convaincu de l'existence de Dieu : au lieu que je conclus immédiatement & nécessairement l'existence de Dieu, de ce que les choses sensibles doivent être apperçues de lui.

Hylas. Au reste, dès-lors que nous croyons tous deux la même chose, qu'importe par quel moyen nous soyions parvenus l'un & l'autre à l'opinion qui nous est commune.

Phil. Mais nous ne convenons pas même dans nos sentimens ; car en reconnoissant, ainsi que moi, que tous les êtres corporels sont apperçus de Dieu, vous leur attribuez de plus, avec les Philosophes, une subsistance absolument distincte de la qualité d'être apperçu d'aucun esprit, ce que je ne fais pas. De plus, n'y a-t-il donc point de différence entre dire *qu'il y a un Dieu, & que par conséquent il apperçoit toutes choses,* ou bien dire, *que les choses sensibles existent réellement ; que si elles existent réellement, elles sont nécessairement apperçues par un Esprit infini, & qu'ainsi il existe un Esprit infini, ou un Dieu.* Je tire en cette sorte d'un principe très-évident, une démonstration directe & immédiate de l'existence de Dieu. Les Théologiens & les Philosophes se sont servis de la beauté, & des usages de diverses parties du monde créé pour prouver sans réplique que c'est-là un chef-d'œuvre de la main d'un Dieu. Mais que

fans avoir recours ni à l'Aftronomie, ni à
la Philofophie naturelle, & que laiffant à
part la contemplation de l'artifice, de l'ordre, & de la proportion mutuelle qu'on
obferve dans les êtres créés, on vienne à
bout d'inférer néceffairement l'exiftence
d'un Efprit infini de la feule exiftence du
monde fenfible, c'eft un avantage particu-
lierà ceux-là feuls qui ont fait ces réflexions
fi fimples, que le monde fenfible n'eft autre
chofe que ce que nous appercevons par le
fecours de nos différens fens ; que les fens
ne peuvent d'ailleurs appercevoir rien de
plus que nos idées ; enfin, qu'aucune idée
ou aucun archétype d'idée ne peut exifter
autre part que dans un efprit. Vous pouvez
maintenant, fans vous donner la peine
de faire de profondes recherches dans les
Sciences, fans recourir aux fubtilités de
la raifon, ou fans vous engager dans des
difcuffions longues on ennuyeufes, atta-
quer à découvert, & confondre infaillible-
ment le plus hardi partifan de l'Athéifme.
Ces miférables réfuges, foit dans une

F v

ſucceſſion éternelle de cauſes ou d'effets
non penſans , ſoit dans un concours for-
tuit d'atômes , ces imaginations extravagantes de Vannini , de Hobbes & de Spi-
noſa , & , pour le dire en un mot , le ſyſtême
entier de l'Athéiſme , tout cela n'eſt-il pas
entiérement renverſé par la ſeule réflexion
qu'on peut faire ſur la répugnance qu'il y
auroit à ſuppoſer que la totalité , ou que
quelque partie du monde viſible , même la
plus groſſiere ou la plus informe , exiſtât
hors d'un eſprit. Que chacun de ces fauteurs
d'impiété tourne ſon attention ſur ſes propres penſées , & qu'il eſſaie s'il pourra
concevoir comment un rocher , un déſert ,
un cahos , ou , s'il aime mieux , un amas
confus d'atômes , en un mot , une choſe
telle qu'il voudra , ſoit ſenſible , ſoit imaginable , pourroit exiſter hors d'un eſprit ;
& il n'aura pas beſoin d'aller plus loin ,
pour ſe convaincre de ſa folie. Peut-on
s'imaginer rien de plus ſatisfaiſant que de
réduire une diſpute au point de donner à
ſon adverſaire à décider s'il peut conce-

voir, même dans sa seule pensée, ce qu'il soutient avoir lieu dans la nature, ou de consentir à lui accorder l'existence réelle de tout ce qu'il prétend être existant, dès-lors qu'il en aura pu établir la notion ?

Hylas. On ne sauroit disconvenir que la Religion ne puisse retirer de grands avantages de votre opinion ; mais ne lui trouvez-vous pas quelque ressemblance avec un autre sentiment qui a été embrassé par des Modernes d'un mérite éminent, savoir, que nous voyons toutes choses en Dieu ?

Phil. Je serois charmé d'être instruit de cette opinion, & je vous prie de me l'expliquer.

Hylas. On part du principe que l'esprit de l'homme, qui est immatériel, ne sauroit s'unir aux choses matérielles de maniere à pouvoir les appercevoir en elles-mêmes, & que par conséquent il ne les apperçoit qu'au moyen de son union avec la substance divine, qui étant spirituelle & purement intelligible, peut ainsi être l'objet immédiat de la pensée. De plus, l'essence divine

renferme en foi des perfections correfpon-
dantes à celles de chaque être créé , & qui
font par cette raifon propres à repréfenter
ces êtres, & à les faire appercevoir.

Phil. Je ne comprends pas comment
nos idées, qui font des chofes abfolument
paffives , ou deftituées de toute activité,
peuvent être la même chofe que l'effence,
ou quelque partie (ou comme quelque
partie) de l'effence ou de la fubftance de
Dieu, qui eft un être indivifible non paffif,
& au contraire purement actif. Il fe préfente à moi, dès le premier coup-d'œil, plufieurs autres difficultés ou objections qu'on
pourroit faire contre ce fyftême : mais je
me contenterai d'ajouter, qu'il faut, fi on
l'admet, adopter toutes les abfurdités des
hypothefes que je combats; puifqu'on doit
prétendre alors qu'un monde créé exifte
autre part que dans l'entendement d'un
efprit; outre qu'il a encore ceci de particulier, que c'eft tout-à-fait gratuitement qu'il
fuppofe l'exiftence du monde matériel. Or
fi dans les Sciences on regarde comme un

bon argument contre d'autres fyftêmes, de faire voir qu'ils fuppoferoient que la Nature ou la Sageffe divine auroient fait quelque chofe en vain, ou que l'une ou l'autre auroit produit par des moyens trop longs, détournés ou compliqués, ce qu'elle auroit pu produire d'une maniere plus courte, plus directe & plus fimple ; que faudra-t-il penfer d'une opinion où l'on fuppofe que le monde entier a été créé en vain ?

Hylas. Mais que dites-vous là ? N'êtes-vous donc pas auffi du fentiment que nous voyons toutes chofes en Dieu ? Si je ne me trompe, ce que vous avancez revient à-peu-près à cela.

Phil. Je conviens parfaitement de ce que dit l'Ecriture-Sainte, que *nous vivons*, que *nous fommes mus*, & que *nous exiftons en Dieu* ; mais je fuis bien éloigné de croire que nous voyons les chofes en lui de la maniere que vous venez de l'expofer. Voici en deux mots mon fentiment : Il eft évident que je n'apperçois autre chofe que mes propres idées, & qu'aucune idée ne fauroit exister, à moins que ce ne soit dans un esprit. Il n'est pas moins clair que ces idées, ou ces choses que j'apperçois, ou leurs archétypes, existent indépendamment de mon esprit; puisque je sais que je n'en suis pas moi-même l'auteur, ou qu'il est hors de mon pouvoir de déterminer à mon gré de quelles idées particulieres je serai affecté lorsque j'ouvrirai les yeux & les oreilles; & il faut par conséquent que ces mêmes idées existent dans quelqu'autre esprit, à la volonté duquel elles me soient représentées. Toutes les choses que j'apperçois immédiatement sont, dis-je, des idées ou des sensations, quelle que soit celle de ces deux manieres dont vous préfériez de les appeller. Mais comment pourroit-il se faire qu'aucune idée, ou aucune sensation existât autre part que dans un entendement, ou qu'elle fût produite par une cause différente d'un esprit? Ce seroit là certainement une chose inconcevable; & affirmer ce qui est inconcevable, c'est dire une absurdité; n'est-ce pas?

Hylas. Sans doute.

Phil. D'un autre côté, il est très-concevable que nos idées existent dans un esprit différent du nôtre, & qu'elles soient produites en nous par un tel esprit, puisque cette opinion ne renferme rien de plus que ce que nous éprouvons tous les jours en nous-mêmes. En effet, n'appercevons-nous pas des idées sans nombre, & ne pouvons-nous pas en former, ou en réveiller à notre gré dans notre imagination une grande variété ; avec cette différence cependant, que celles qui auront été produites par notre imagination ne seront pas tout-à-fait si distinctes , si fortes, si vives & si permanentes que celles que nous aurons apperçues par nos sens, & qu'on appelle choses réelles ? Je conclus donc delà qu'il existe un esprit qui m'affecte à chaque moment des impressions sensibles que je reçois ; & cela en même-temps que la variété, & l'ordre qui regne entre ces impressions, & la maniere dont j'en suis affecté, me servent à inférer que ce même esprit qui en est l'auteur est fage, puiffant & bon, au-delà de ce qu'on peut comprendre. Remarquez bien que je ne dis pas que nous voyons les chofes en appercevant les attributs de la fubftance intelligible de Dieu, qui peuvent nous les repréfenter ; ce feroit-là une affertion à laquelle je ne pourrois rien comprendre. Je dis feulement que les chofes que nous appercevons font connues par l'entendement d'un Efprit infini, & produites en nous par fa volonté ; & tout cela n'eft-il pas très-clair & très-évident ? Ou pourriez-vous y trouver autre chofe que ce que les obfervations les plus légeres que nous puiffions faire fur la nature de notre propre efprit, nous mettent en état de concevoir, & nous obligent même à reconnoître ?

Hylas. Je crois vous entendre parfaitement ; & j'avoue que la preuve que vous donnez de l'exiftence de la Divinité, ne me paroît pas moins claire que furprenante. Mais en convenant que Dieu eft la caufe fuprême & univerfelle de toutes chofes, ne puis-je pas prétendre qu'il exifte encore une troisieme espece de nature, distincte des esprits & des idées ? Ne puis-je pas admettre une cause subordonnée & limitée de nos idées ? En un mot, ne peut-il pas, malgré cela, exister encore de la matiere ?

Phil. Combien de fois faudra-t-il que je revienne à vous inculquer une même chose ? Vous m'accordez que ce que nos sens apperçoivent immédiatement ne peut exister hors d'un esprit. D'ailleurs il n'est rien d'apperçu par nos sens, qui n'en soit apperçu immédiatement. Il n'y a donc rien de sensible qui existe hors de tout esprit. La matiere sur l'existence de laquelle vous insistez toujours, devroit donc, à ce qu'il semble, si elle existoit en effet, être quelque chose d'intelligible, c'est-à-dire, quelque chose dont l'existence pourroit être connue de nous par le secours de la raison, & en même-temps ne sauroit l'être par celui des sens.

Hylas. C'est la vérité.

Phil. Faites-moi donc savoir, je vous prie, sur quel raisonnement peut être fondée l'opinion que vous avez qu'il existe de la matiere, & ce que peut être la *matiere*, dans l'acception fuivant laquelle vous prenez maintenant ce mot.

Hylas. Je me trouve affecté d'un grand nombre d'idées, dont je reconnois que je ne fuis point la caufe : elles ne font point d'un autre côté les caufes les unes ni des autres : enfin, elles ne font point non plus les caufes d'elles-mêmes, ou elles ne peuvent fubfifter par elles-mêmes, attendu que ce font des êtres entiérement deftitués d'activité, paffagers & dépendans ; elles ont donc quelque caufe diftincte de moi & d'elles-mêmes, de laquelle je ne prétends connoître autre chofe, finon qu'elle eft *la caufe de mes idées* ; & cette caufe, quelle qu'elle puiffe être, je l'appelle *matiere*.

Phil. Dites-moi, *Hylas*, chacun a-t-il la liberté de changer à fon gré la fignification reçue & propre des mots dont on fait ordinairement ufage dans les Langues ? Suppofé, par exemple, qu'un Voyageur vous dit que dans un certain pays où il a été, les hommes passent à travers le feu sans en être endommagés, & qu'après avoir tiré de lui l'explication d'un fait si singulier, vous trouvassiez qu'il entend par le mot *feu* ce que nous entendons par le mot *eau*; ou supposé encore que ce même Voyageur affirmât que dans le pays dont il vous parleroit, les arbres marchent sur deux jambes, entendant par le mot *arbre* ce que nous entendons par le mot *homme*; jugeriez-vous que tout cela fût fort raisonnable?

Hylas. Au contraire, je penserois qu'il n'y auroit rien de plus puérile. La coutume est, pour ainsi dire, l'*étalon* auquel nous devons toujours rapporter les mots, pour juger de leur propriété. S'il arrive donc qu'un homme affecte de parler d'une maniere impropre, on peut alors dire de lui qu'il pervertit l'usage du discours; & c'est une chose qui ne peut produire d'autre effet que de prolonger & de multiplier les disputes, dans des cas même où l'on ne seroit pas dans le fonds d'un avis différent.

Phil. Et la matiere, suivant la maniere

ordinaire de prendre ce mot, n'est-elle pas une substance étendue, solide, mobile, destituée de la faculté de penser & de celle d'agir ?

Hylas. C'est cela même.

Phil. Mais ne vous ai-je pas prouvé évidemment qu'une telle substance ne pouvoit exister ; & en supposant même qu'il fût possible qu'elle existât, comment ce qui est destitué d'activité pourroit-il être une cause, ou comment ce qui est destitué de la faculté de penser pourroit-il être cause d'une pensée ? Vous êtes, à la vérité, le maître d'attacher, si vous voulez, au mot *matiere*, un sens différent de celui dans lequel on le prend ordinairement, & de me dire que vous entendez par ce mot un être non étendu, pensant & actif, qui est la cause de nos idées : mais que seroit-ce que cela, sinon jouer sur les mots & tomber dans la même faute que vous m'avez reprochée il y a quelque temps, sans en avoir la même raison ? Je ne trouve point qu'il y ait rien à reprendre dans le raisonnement par lequel vous déduifez en général l'exiftence d'une caufe de celle des phénomenes; mais je nie que la caufe que vous déduifez d'une maniere légitime des phénomenes , puiffe être nommée proprement *matiere*.

Hylas. Il y a, en effet, du vrai dans ce que vous venez de me dire. Je ne voudrois en aucune forte que vous penfaffiez que je nie que Dieu, ou un efprit infini, foit la caufe fuprême de toutes chofes. Tout ce que je prétends, c'eft qu'il exifte encore d'autres caufes fubordonnées à l'agent fuprême, & d'une nature limitée & inférieure à celle de cet agent, qui concourent avec lui à la production de nos idées, non par un acte de volonté, ni par une activité, ou une influence qui puiffe convenir à un efprit, mais par l'efpece d'action qui appartient à la matiere, je veux dire, par le mouvement.

Phil. Je vois bien que malgré tout ce que nous avons dit jufqu'à préfent, vous retombez à tout moment dans votre ancienne opinion, qu'il exifte hors de l'efprit une substance mobile, & par conséquent étendue. Quoi ! avez-vous donc déjà oublié que je vous ai pleinement convaincu sur cet article ? Et voudriez-vous que je vous répétasse maintenant tout ce que je vous ai dit là-dessus ? En vérité ce n'est pas en bien agir, que de continuer toujours à supposer l'existence d'une chose que vous avez si souvent reconnu n'avoir aucune existence. Mais pour ne pas insister davantage sur un point que nous avons déjà si amplement discuté, je me contente de vous demander si toutes nos idées ne sont pas tout-à-fait passives, & dans un vrai état d'inertie, & s'il n'est pas même certain qu'elles ne renferment en elles-mêmes rien qui ait rapport à une action.

Hylas. J'en conviens.

Phil. Et les qualités sensibles sont-elles autre chose que des idées ?

Hylas. Combien de fois n'ai-je pas reconnu qu'elles n'étoient rien de plus ?

Phil. Mais le mouvement n'est-il pas une qualité sensible ?

Hylas. C'en est une.

Phil. Ce n'est donc pas une action?

Hylas. Je vous l'accorde ; & en effet, il est très-clair, que lorsque je remue mon doigt, mon doigt reste pendant tout ce temps-là passif, au-lieu que ma volonté, qui produit le mouvement, est active.

Phil. Or je voudrois bien savoir en premier lieu, si ayant reconnu que le mouvement n'est pas une action, vous pouvez concevoir aucune autre action que la volition ; en second lieu, si dire quelque chose, & en même-temps ne rien concevoir, ce n'est pas parler d'une maniere contraire au bon sens ; enfin, si après être convenu de la vérité des principes que je viens de poser, vous ne vous appercevez point que ce seroit une chose extrêmement déraisonnable & absurde, que d'imaginer quelque cause efficiente ou active de nos idées, différente d'un esprit.

Hylas. Je conviens de tout cela ; mais quoique la matiere ne puisse être une cause, je ne vois pas cependant ce qui empêcheroit qu'elle ne fût un inftrument qui ferviroit à l'agent fuprême dans la production de nos idées.

Phil. Un inftrument, dites-vous ! & je vous prie, quels pourroient être les ref-forts, les roues, le mouvement & la figure de cet inftrument ?

Hylas. Ce feroient-là autant de chofes que je ne prétendrois pas déterminer. La fubftance & les qualités de l'inftrument dont je vous parle, me feroient également in-connues.

Phil. Quoi, vous penferiez donc que cet inftrument feroit fait de parties incon-nues, qu'il auroit des mouvemens incon-nus, & une figure inconnue ?

Hylas. Je ne croirois point qu'il eût du tout de figure, ou de mouvement ; car je fuis convaincu que nulle qualité fenfible ne fauroit exifter dans une fubftance qui ne feroit point douée de perception.

Phil. Mais quelle notion vous feroit-il poffible de vous former d'un inftrument deftitué

deftitué de toutes les qualités fenfibles même de l'étendue ?

Hylas. Je ne prétendrois en avoir aucune notion.

Phil. Et quelle raifon auriez-vous donc de penfer que ce *quelque chofe* d'inconnu & d'inconcevable exifteroit ? Seroit-ce que vous imagineriez que Dieu ne pourroit agir auffi-bien qu'il fait fans ce fecours, ou que vous auriez reconnu par l'expérience, & en formant des idées dans votre propre efprit, l'ufage de *quelqu'autre chofe* de femblable ?

Hylas. Vous ne ceffez de me chicanner fur les raifons que je puis avoir, pour ajouter foi à mon opinion ; & je vous prie, quelle raifon avez-vous de votre côté pour n'y point croire ?

Phil. Quand je n'ai point de raifon de croire à une chofe, j'ai dès-lors une raifon fuffifante de n'y point croire ; mais pour ne nous pas arrêter fur les raifons que nous pourrions avoir l'un & l'autre pour croire, ou ne point croire à la chofe dont il eft ici

G

queſtion entre nous, vous ne ſauriez au moins venir à bout de m'apprendre quelle ſeroit cette choſe, à laquelle vous voudriez que je cruſſe ; puiſque vous avouez que vous n'en avez pas la moindre notion. Or cela poſé, je me borne à vous prier de conſidérer, s'il eſt digne d'un Philoſophe, ou même d'un homme ſenſé, de prétendre croire, ſans ſavoir ni quoi, ni pourquoi ?

Hylas. Doucement, *Philonoüs* ; lorſque je vous dis que la matiere eſt un inſtrument, ne penſez pas que je n'entende par-là rien du tout. Il eſt vrai que je ne ſais pas préciſément quelle eſpece particuliere d'inſtrument la matiere peut être ; mais j'ai malgré cela quelque notion d'un inſtrument en général, que j'applique en cette occaſion.

Phil. Mais que direz-vous ſi l'on vous prouve qu'il y a, même dans la notion la plus générale d'un inſtrument pris dans un ſens différent de celui d'une *cauſe*, quelque choſe qui rend l'uſage de tout inſtrument incompatible avec les attributs divins ?

Hylas. Faites-moi voir cela, & je n'aurai plus rien à vous repliquer.

Phil. Q'entendez-vous, s'il vous plaît, par la nature ou la notion générale d'un inftrument ?

Hylas. Les propriétés qui font communes à tous les inftrumens particuliers, compofent la notion générale d'un inftrument.

Phil. N'eft-ce pas une propriété commune à tous les inftrumens, qu'on ne s'en ferve que pour exécuter les feules chofes dont on ne peut venir à bout par un fimple acte de la volonté ? Je ne me fers, par exemple, d'aucun inftrument pour remuer mon doigt, parce que c'eft-là une action que je puis faire au moyen d'une fimple volition ; mais j'en emploie lorfque je me propofe de remuer une portion de rocher, ou de déraciner un arbre. N'êtes-vous pas de ce même avis, ou pourriez-vous me faire voir quelque exemple où l'on fît ufage d'un inftrument pour produire un effet, qui dépendît immédiatement de la volonté de l'agent ?

Hylas. J'avoue que je ne le faurois.

Phil. Comment donc voudriez-vous

ſuppoſer qu'un eſprit infiniment parfait, de la volonté duquel il n'eſt rien qui ne dépenſe abſolument & immédiatement, pût avoir beſoin d'un inſtrument dans ſes opérations ; ou que n'en ayant pas beſoin, il en fit néanmoins uſage ? Et ne ſemble-t-il pas en conséquence, que vous ne ſauriez vous empêcher d'avouer que l'uſage d'un inſtrument inanimé & deſtitué d'activité, eſt incompatible avec la perfection infinie de Dieu ; c'eſt-à-dire, que de votre propre aveu, vous ne pouvez vous empêcher de vous rendre ſur l'article dont il eſt maintenant queſtion entre nous.

Hylas. Je ne vois pas tout d'un coup ce que je pourrois avoir à vous répondre.

Phil. Mais je penſois que vous ne feriez point difficulté de céder à la force de la vérité, une fois qu'elle vous auroit été bien prouvée. Il eſt vrai que nous, dont la puiſſance eſt limitée, nous ſommes obligés de faire uſage de différens inſtrumens ; mais l'uſage même que l'agent qui emploie les inſtrumens en fait, eſt la preuve que ſon

activité a reçu des bornes d'un autre être,
& qu'il n'est point en son pouvoir de réuffir dans ses desseins, autrement que par
cette voie ou sous la condition de la suivre.
Il paroît donc qu'il s'ensuit clairement delà que l'agent suprême, dont la puissance
est sans bornes, ne doit se servir en aucune
sorte d'instrumens. La volonté d'un esprit
tout-puissant n'est pas plutôt en exercice,
qu'elle est accompagnée de l'effet; & cela
sans l'application des moyens, que des
agens inférieurs sont au contraire obligés
d'employer, non à raison d'une efficacité
réelle, ou de quelque disposition nécessaire
à la production d'un effet, laquelle ils
trouvent en ces moyens, mais uniquement
parce qu'ils sont soumis aux loix de la
nature, & par rapport à la seule obligation
où ils sont, de se conformer aux conditions
qui leur ont été prescrites par l'agent suprême, qui, quant à lui, ne reconnoît ni
limitation, ni dépendance.

Hylas. Hé bien, je ne vous soutiendrai
plus que la matiere puisse être un instru-

ment ; mais ne penſez pas pour cela que je me déſiſte de croire à ſon exiſtence. Je vois malgré tout ce que vous m'avez dit, qu'elle peut toujours être une occaſion.

Phil. Combien de formes doit donc prendre votre matiere, ou combien de fois faudra-t-il que je vous prouve qu'elle n'exiſte point, avant que vous puiſſiez vous réſoudre à vous en détacher ? Mais pour ne rien ajouter là-deſſus (quoique ſuivant les loix de la diſpute je ſerois fondé à me plaindre, de ce que vous changez ſi ſouvent la ſignification du terme dont il eſt principalement queſtion entre vous & moi) je voudrois bien ſavoir ce que vous prétendez, quand, après être déjà convenu que la matiere ne peut être une cauſe, vous avancez qu'elle eſt une *occaſion* : & lorſque vous m'aurez montré en quel ſens vous entendez le terme *occaſion*, vous m'obligerez encore; ſi vous voulez bien me faire connoître quelle peut être la raiſon qui vous porte à croire que nous ayons beſoin d'*occaſions* pour appercevoir nos idées?

Hylas. Quant au premier article, j'entends par *occasion* un être destitué d'activité & de pensée, à la présence duquel Dieu excite des idées dans nos esprits.

Phil. Et quelle peut être la nature de cet être, destitué d'activité & de pensée?

Hylas. Je n'en connois point du tout la nature.

Phil. Passons donc au second article, & assignez-moi quelque raison qui puisse vous porter à attribuer l'existence à cet être non actif, non pensant, & inconnu.

Hylas. Lorsqu'on s'apperçoit qu'on est frappé d'une maniere réguliere & constante de différentes idées, il est naturel de penser que ces idées dépendent de quelques occasions constantes & régulieres, à la présence desquelles on en est affecté.

Phil. Vous reconnoissez donc que Dieu est la seule cause de nos idées ; & vous ajoutez à cela qu'il nous en affecte à la présence des occasions dont vous parlez?

Hylas. C'est ce que je pense.

Phil. Et ces choses que vous dites être

préfentes à Dieu, fans doute que Dieu les apperçoit.

Hylas. Certainement; fans quoi elles ne pourroient pas lui fournir une occafion d'agir.

Phil. Sans m'arrêter ici à la demande que je ferois fondé à vous faire, de prouver cette hypothefe, ou de vous mettre au moins en devoir de répondre à toutes les queftions, & à toutes les objections embarraffantes auxquelles elle peut donner lieu, je vous prierai feulement de me dire fi la fageffe & la puiffance divine ne fuffifent pas pour rendre raifon de l'ordre & de la régularité qu'on obferve dans la fucceffion de nos idées, où plus généralement dans le cours de la nature; ou bien fi ce ne feroit pas déroger aux attributs de l'Être infiniment parfait, que de prétendre qu'une fubftance deftituée de la faculté de penfer, pût influer fur fon action, & la diriger, en lui apprenant ou lui rappellant quand il devroit agir, ou ce qu'il devroit faire; enfin fi, en fuppofant même que je vous accordasse tout ce que vous soutenez , cet aveu que vous seriez venu à bout de tirer de moi , pourroit faire la moindre chose à la question que nous agitons , vu sur-tout la difficulté qu'il y auroit à concevoir comment l'existence extérieure & absolue d'une substance non pensante , c'est-à-dire , son existence distincte de la qualité qu'elle auroit d'être apperçue , pourroit être déduite de ce dont je serois convenu avec vous , que parmi les choses qui sont apperçues de l'esprit de Dieu , il peut y en avoir qui lui servent d'occasions pour produire en nous des idées ?

Hylas. Je ne sais absolument que penser de tout cela , car cette notion d'occasion me paroît maintenant aussi destituée de sens , que toutes les autres dont il a déjà fallu me défaire.

Phil. Ne voulez-vous donc pas vous appercevoir une bonne fois que dans toutes les acceptions différentes , suivant lesquelles vous avez pris le mot *matiere* , vous n'avez fait autre chose que supposer l'existence

de ce que vous ne connoissiez point, &
cela sans avoir ni raison ni motif pour en
user de la sorte.

Hylas. Je vous avoue franchement que
depuis que vous avez si bien épluché les
notions dont j'étois prévenu, j'en suis beaucoup moins entêté; mais il me semble toujours que j'apperçois confusément qu'il
existe quelque chose de semblable à de
la *matiere.*

Phil. Ou vous appercevez l'existence de
la matiere immédiatement, ou vous l'appercevez par la médiation de quelqu'autre
chose. Si c'est immédiatement que vous
l'appercevez, je vous prie de m'apprendre
quel est celui de vos sens qui vous en fournit la notion; & si c'est par la médiation
d'autre chose que vous en avez la perception, je vous prie de me faire connoître
par quel raisonnement vous pouvez venir
à bout de la déduire des choses que vous
appercevez immédiatement. Je n'en dirai
pas davantage sur cette perception que
vous prétendez avoir de l'existence de la

matiere ; mais quant à la matiere elle-même, je vous demanderai encore fi c'eft un objet, un *fubftratum*, une caufe ou une occafion. Vous avez déjà défendu fucceffivement chacun de ces fentimens, en variant tant qu'il vous a plu fur les notions que vous aviez d'abord adoptées, & en faifant paroître la matiere tantôt fous une forme, & tantôt fous une autre. De mon côté j'ai combattu, & je compte même avoir détruit tout ce que vous avez pu jufqu'ici m'alléguer là - deffus ; & s'il vous refte quelque chofe à me propofer, je ne demande pas mieux que de l'entendre.

Hylas. Je penfe que je vous ai déjà dit tout ce que j'avois à vous dire, & je ne vois plus qu'il me refte aucune autre inftance à vous faire.

Phil. Et vous avez cependant bien de la peine à vous dépouiller de vos anciens préjugés. Pour vous en faciliter de plus en plus les moyens, je vous prie, indépendamment de ce que je vous ai déjà confeillé, de vouloir bien examiner un moment, fi, dans la fuppofition que la matiere exiftât, vous feriez en état de concevoir comment vous en pourriez être affecté ; ou fi, en fuppofant qu'elle n'exiftât point, ce ne feroit pas une chofe évidente, que vous pourriez malgré cela être affecté des mêmes idées que vous recevez à préfent, & avoir par conféquent les mêmes raifons que vous pouvez avoir maintenant de croire à fon exiftence.

Hylas. Je reconnois qu'il eft poffible que nous appercevions tout ce que nous appercevons à préfent, & de la même maniere que nous l'appercevons, fans qu'il y ait de la matiere dans le monde ; & je conviens d'un autre côté qu'en fuppofant de la matiere dans le monde, je ne conçois pas comment cette matiere pourroit faire naître aucune idée dans nos efprits. J'avoue encore que vous m'avez parfaitement prouvé qu'il eft impoffible qu'il exifte quelque chofe de femblable à de la matiere, dans quelques-unes des acceptions précédentes ; mais je ne faurois malgré cela m'empêcher de fuppofer qu'il exifte de la matiere en un fens ou en un autre ; quoiqu'à la vérité je ne prétende point déterminer en quel fens.

Phil. Je ne m'attends pas que vous me donniez une définition exacte de la nature de cet être inconnu. Ayez feulement la bonté de me dire fi c'eft une fubftance ; & au cas que vous croyez que c'en foit une, apprenez-moi encore fi vous pouvez concevoir une fubftance fans accidens ; ou, fuppofé que vous prétendiez que ce foit une fubftance qui ait des accidens ou des qualités, faites-moi, s'il vous plaît, connoître ce que peuvent être ces qualités, ou au moins ce que l'on entend quand on dit que la matiere en eft le foutien.

Hylas. Nous avons déjà difcouru de tous ces chefs, & je n'ai plus rien à ajouter à ce que je vous ai dit fur chacun en particulier. Mais pour prévenir les queftions que vous pourriez me faire encore, je vous déclare que je n'entends plus maintenant par le mot *matiere*, ni une fubftance, ni un accident, ni un être penfant, ni un être étendu;

mais quelque chofe d'abfolument inconnu, & en même-temps de diftinct de tout cela.

Phil. Il femble donc que vous ne renfermez plus, dans la notion que vous faites maintenant en forte de me donner de la matiere, que la feule idée générale & abftraite d'*entité*.

Hylas. Je n'y fais entrer rien de plus, fi ce n'eft que j'ajoute à l'idée générale dont vous parlez, la négation de toutes les chofes, ou de toutes les idées particulieres, que j'apperçois, que j'imagine, ou dont j'ai l'appréhenfion, de telle maniere que vous voudrez.

Phil. Où fuppofez-vous, je vous prie, que cette matiere inconnue exifte ?

Hylas. Ha, *Philonoüs !* vous croyez pour le coup me tenir ; car fi je dis qu'elle exifte dans un lieu, vous inférerez delà qu'elle exifte dans l'efprit, puifqu'il a été prouvé que le lieu, ou l'étendue n'exiftoit autre part que dans l'efprit. Mais je n'ai pas honte d'avouer mon ignorance. Je ne fais où la matiere exifte : tout ce dont je suis sûr, c'est qu'elle n'existe pas dans un lieu. Je ne vous fais là qu'une réponse négative : mais n'en attendez point d'autres à toutes les questions que vous pourrez me faire dorénavant sur la matiere.

Phil. Puisque vous ne voulez pas me dire où la matiere existe, ayez du moins la complaisance de m'apprendre de quelle maniere vous supposez qu'elle existe, ou ce que vous entendez par son existence.

Hylas. Elle ne pense ni n'agit, elle n'apperçoit ni n'est apperçue.

Phil. Mais que peut-il donc y avoir de positif dans la notion abstraite que vous vous formez de l'existence de la matiere ?

Hylas. En examinant la chose de près, je ne trouve point que j'aie aucune notion positive de l'existence de la matiere, ou que je puisse prendre les mots qui pourroient me servir à définir l'existence de la matiere, dans aucune acception positive. Je vous dis de nouveau que je n'ai point honte d'avouer mon ignorance. Je ne sais, ni ce que je dois entendre par l'existence de la matiere, ni comment la matiere exiſte.

Phil. Continuez, cher *Hylas*, d'en agir d'une maniere ſi ingénue, & dites-moi ſincérement ſi vous pouvez vous former une idée diſtincte de l'entité en général, abſtraction faite de tous les êtres tant penſans que corporels ; en un mot, de toutes choſes, quelles qu'elles puiſſent être, ou par excluſion de toutes choſes ?

Hylas. Attendez ; permettez que j'y penſe un peu.... Je vous avoue franchement, *Philonoüs*, que je ne trouve point que je le puiſſe. Il me paroiſſoit du premier coup-d'œil que j'avois quelque notion confuſe & ſuperficielle de l'entité pure & abſtraite : mais une attention plus mûre a fait diſparoître cette notion de mon eſprit. Plus j'y penſe, plus je me confirme dans la réſolution que j'ai priſe de ne vous plus faire que des réponſes négatives, & de ne plus prétendre à aucune connoiſſance ou perception poſitive de la matiere, pas même du moindre degré de clarté. Où eſt la matiere ? comment eſt-elle ? qu'eſt-elle ? ou

quelles sont les choses qui peuvent lui appartenir ? ce sont-là autant de points que je
fais profession d'ignorer absolument.

Phil. Ainsi quand vous parlez de l'existence de la matiere, vous n'avez alors
aucune notion dans l'esprit ?

Hylas. Aucune.

Phil. Dites-moi, je vous prie, si vous
n'avez pas passé, depuis que nous nous
entretenons ensemble, par tous les états
que je vais vous rappeller ? L'opinion où
vous étiez qu'il existoit une substance matérielle, vous faisoit soutenir d'abord que les
objets immédiats de vos perceptions exis-
toient hors de votre esprit ; vous vous êtes
réduit après cela, à en dire autant de leurs
archétypes, puis de leurs causes, puis de
leurs instrumens, puis de leurs occasions ;
enfin, vous vous retranchez maintenant sur
quelque chose en général, mots qui, pour
peu qu'on s'attache à en rechercher le sens,
se trouveront ne signifier autre chose que
le pur néant. Et ainsi la matiere viendra
absolument à rien. Qu'en pensez-vous,

Hylas ? n'eſt-ce pas là le vrai ſommaire de tout ce que vous m'avez dit juſqu'à préſent ?

Hylas. Qu'il en ſoit ce qu'il vous plaira, j'inſiſte toujours ſur ce point, que de n'être point en état de concevoir une choſe, ce n'eſt pas une raiſon pour prétendre que cette choſe n'exiſte point.

Phil. Que d'une cauſe, d'un effet, d'une opération, d'un ſigne, ou d'une autre cir-conſtance, on puiſſe inférer avec raiſon l'exiſtence d'une choſe qu'on n'apperçoit pas immédiatement, & qu'il ſoit abſurde de conteſter l'exiſtence d'une choſe par la raiſon qu'on n'a point une notion directe & poſitive de cette choſe ; c'eſt ce que j'avoue volontiers. Mais lorſque nous ne ſommes déterminés par aucun de ces mo-tifs à croire à l'exiſtence de cette même choſe ; lorſque ni la raiſon ni la révélation ne nous y portent ; lorſque nous n'avons pas même une notion relative de la choſe ; lorſqu'il faut, pour tâcher de s'en former une notion de cette eſpece, commencer

par faire des abſtractions, de ce qui apperçoit & de ce qui eſt apperçu, de l'eſprit
& de l'idée ; enfin, lorſqu'on ne parvient
pas même par-là à cette notion imparfaite
ou foible qu'on cherche à ſe former ; je ne
vous dirai pas, à la vérité, que c'en ſoit aſſez
de tout cela pour refuſer d'admettre la
réalité de la notion dont il s'agit, ou l'exiſtence de la choſe qui en eſt l'objet ; mais
tout ce que je conclurai, c'eſt que nous ne
pouvons avoir alors aucune notion dans
l'eſprit ; que nous n'employerions en ce cas
les mots qu'en n'y attachant aucun ſens,
ſans motif & ſans deſſein ; & je vous
laiſſe à juger quel cas on doit faire d'un
aſſemblage de mots, qui ſe réduit à du ver-
biage tout pur.

Hylas. Pour vous parler franchement,
Philonoüs, vos preuves me paroiſſent être
en elles-mêmes ſans replique ; mais l'effet
qu'elles font ſur moi, ne va cependant
pas juſqu'à y produire une conviction parfaite, & encore moins cet acquieſcement
du cœur, qui eſt la ſuite ordinaire de la

démonftration : je trouve que je retombe toujours dans un foupçon confus de *je ne fais quelle matiere.*

Phil. Mais ne fentez-vous pas, *Hylas*, qu'il faut que deux chofes concourent enfemble pour vous ôter tous vos fcrupules, & pour porter une conviction entiere dans votre efprit? Sous quelque jour qu'un objet vifible vous foit préfenté, vous ne le verrez néanmoins jamais diftinctement, s'il y a quelque imperfection dans votre vue, ou fi votre œil n'eft pas dirigé vers lui. De même, quelque bons que foient les principes qui fervent de fondement à une démonftration, & quelque exacte que foit la forme de cette même démonftration, fi celui à qui on la propofe, s'eft entiché de quelques préjugés, ou qu'il ait laiffé prendre quelque mauvais pli à fon efprit, en vain s'attendroit-on alors qu'il pût tout d'un coup appercevoir clairement la vérité, ou s'y attacher avec fermeté. Non, il n'en viendra à bout qu'avec du temps & des peines. L'attention ne peut être réveillée ou fixée que par la répétition fréquente de la perception d'une même chose, ou qu'autant que cette chose se sera offerte souvent à nous, soit constamment sous un même point de vue, soit tantôt sous un point de vue & tantôt sous un autre. Je vous l'ai déjà dit, & je vois qu'il faut que je vous le répete, & que je vous l'inculque encore ; vous prenez une licence étrange, en prétendant soutenir l'existence de quelque chose que vous ne connoissez pas, & sans pouvoir dire ni sur quelle raison, ni par quel motif. Me pourriez-vous montrer le parallele d'une pareille conduite dans aucun Art, ou dans aucune Science, dans aucune Secte, ou dans aucune Profession des hommes ? Ou pourriez-vous rencontrer rien qui fût si manifestement destitué de fondement, ou si déraisonnable dans la conversation ordinaire, même la moins élevée ? Mais peut-être que vous continuerez à me dire que la matiere peut exister, en même-temps que vous conviendrez que vous n'entendez point du tout ce que

pourroient fignifier les mots *matiere* &
exiftence. Ce feroit-là, en vérité, une opinion
bien finguliere, & d'autant plus que vous
l'embrafferiez non - feulement volontaire-
ment & de vorre propre chef, mais encore
fans y être conduit par aucune raifon ; car
je vous défie de me montrer dans la nature
aucune chofe, pour l'explication de laquelle
on ait befoin de la matiere.

Hylas. Les chofes perdront leur réalité
fi vous ne fuppofez l'exiftence de la matiere ;
& penfez-vous que ce ne foit pas là une
bonne raifon d'en prendre la défenfe ?

Phil. Les chofes perdront leur réalité !
& quelles chofes, s'il vous plaît ? les chofes
fenfibles ou les chofes intelligibles ?

Hylas. Les chofes fenfibles.

Phil. Mon habit, par exemple.

Hylas. Votre habit, ou toute autre chofe
que vous puiffiez appercevoir par les fens.

Phil. Mais pour nous fixer à quelque
chofe de particulier, n'eft-ce pas pour moi
une preuve affez évidente de l'exiftence de
mon habit, que de le voir, de le toucher

& de le porter ; ou fi ce n'en eft pas là pour moi une preuve fuffifante, comment au moins pourrois-je m'affurer de la réalité de cet habit que j'ai actuellement fur moi, par la fuppofition que je ferois que quelque chofe d'inconnu, que je n'ai jamais vu, ni pu voir, exifteroit d'une maniere inconnue & dans un lieu inconnu, ou même fans que ce fût dans aucun lieu ? Comment, dis-je, la fuppofition de la réalité de ce qu'on ne fauroit toucher, pourroit-elle fervir de preuve à l'exiftence réelle d'une chofe palpable ? Comment la fuppofition de la réalité d'une chofe invifible pourroit-elle prouver qu'une chofe vifible exifte; ou plus généralement, comment la fuppofition de l'exiftence d'une chofe que vous ne pouvez appercevoir, vous conduiroit-elle à conclure qu'une chofe que vous pouvez appercevoir exifte ? Je ne vous demande que de m'expliquer cela, & rien ne me paroîtra jamais difficile pour vous.

Hylas. Je commence par vous avouer fans peine qu'il eft abfolument impoffible de démontrer l'exiſtence de la matiere ; mais je vous déclare en même - temps que je n'en vois pas non plus l'impoſſibilité directe & abſolue.

Phil. Et quand on vous accorderoit que la matiere fût poſſible, auroit-elle à ce ſeul titre plus de droit à l'exiſtence qu'une montagne d'or, ou un Centaure ?

Hylas. Je conviens que non ; mais au moins ne niez-vous pas qu'elle ne ſoit poſſible, & il faut que vous reconnoiſſiez que ce qui eſt poſſible pourroit exiſter actuellement

Phil. Vous vous trompez, je nie que la matiere ſoit poſſible ; & je crois vous avoir prouvé par vos propres aveux qu'elle ne l'eſt point. En effet, la matiere, dans l'acception ordinaire de ce mot, ſeroit-elle autre choſe qu'une ſubſtance étendue, ſolide, figurée & mobile, qui exiſteroit hors de l'eſprit ? Et n'avez-vous pas reconnu pluſieurs fois que je vous avois apporté des raiſons évidentes contre la poſſibilité d'une telle ſubſtance ?

Hylas.

Hylas. Oui, mais ce n'eſt-là qu'un des ſens dans leſquels on peut prendre le mot *matiere.*

Phil. Mais n'en eſt-ce pas le ſeul ſens propre, naturel & reçu ? Et lorſque l'on a prouvé que la matiere eſt impoſſible en ce ſens, n'eſt-on pas bien fondé à la regarder comme abſolument impoſſible ? Et comment prouver autrement que telle choſe que vous voudrez choiſir pour exemple ſoit impoſſible ? ou plutôt eſt-il aucune eſpece de preuve pour un homme qui prend la liberté de changer & de renverſer la ſignification des mots ?

Hylas. Je penſois qu'il étoit permis aux Philoſophes de parler plus exactément que le vulgaire, & qu'on ne les obligeoit pas toujours à ſe borner à l'acception ordinaire d'un mot.

Phil. Mais l'acception du mot *matiere,* de laquelle nous parlons ici, eſt le ſens de ce mot reçu généralement parmi les Philoſophes mêmes. Au reſte, ſans nous arrêter davantage là-deſſus, ne vous ai-je pas laiſſé

H

la liberté de prendre ce mot dans tel fens qu'il vous a plu, & n'avez-vous pas ufé de ce privilége dans la plus grande étendue? N'avez-vous pas même changé quelquefois en entier la fignification de ce même mot, & n'avez-vous pas fait entrer dans fa défi-nition, ou n'en avez-vous pas ôté à votre gré, tout ce qu'il vous pouvoit convenir le mieux d'y introduire ou d'en retrancher, contre ce que prefcrivent les regles les plus connues de la raifon & de la Logique. Ces variations (maniere de difputer peu convenable, & à laquelle vous ne pouvez cependant manquer de vous reconnoître), ces variations, dis-je, n'ont-elles pas pro-longé notre difcuffion beaucoup plus loin que le fujet ne demandoit, vu la néceffité où elles nous ont mis d'examiner fucceffi-vement chacun des fens dans lefquels vous prétendiez qu'on pouvoit prendre le mot *matiere*, & de les réfuter les uns après les autres par vos propres aveux? Que pourriez-vous donc demander de plus, pour convenir de l'impoffibilité abfolue d'une chofe, que d'avoir été convaincu qu'elle eft impoffible dans chaque fens particulier, dans lequel vous, ou tout autre que vous, puiffiez la prendre?

Hylas. Mais je ne fuis pas fi pleinement convaincu que vous ayez prouvé l'impof-fibilité de la matiere dans le dernier fens; je veux dire, dans le fens le plus obfcur, le plus abftrait, & le plus indéfini.

Phil. Quand jugez-vous qu'on ait fait voir qu'une chofe eft impoffible?

Hylas. Quand on a démontré une con-tradiction entre les idées que fa définition renferme.

Phil. Mais où il n'y a point d'idées, on ne fauroit démontrer de contradiction entre des idées.

Hylas. J'en conviens avec vous.

Phil. Or il eft clair, de votre propre aveu, que ce que vous appellez le fens obfcur & indéfini du mot *matiere*, ne ren-ferme aucune idée; à moins que ce ne foit une idée inconnue, ce qui reviendroit à n'en point renfermer du tout. Ne vous attendez donc pas que je découvre ici une contradiction entre des idées que nous n'avons ni vous ni moi, ni que je vous prouve l'impoſſibilité de la matiere, en prenant ce mot dans un ſens inconnu, c'eſt-à-dire, en ne le prenant dans aucun ſens. Tout ce que j'avois à vous faire voir, c'étoit que vous n'attachiez aucun ſens aux paroles que vous proſériez ; & je vous ai réduit au point de n'en pouvoir diſconvenir. Je vous ai donc prouvé, en me prêtant ſucceſſivement à tous les ſens que vous avez donnés au mot *matiere*, qu'en proſérant ce mot, vous n'entendiez rien du tout, où que vous n'entendiez tout au plus qu'une abſurdité ; & ſi ce n'eſt pas là une preuve ſuffiſante de l'impoſſibilité de la matiere, je vous prie de me faire connoître ce qu'il pourroit me reſter à y ajouter.

Hylas. Je reconnois que vous m'avez prouvé que la matiere eſt impoſſible, & je ne vois plus rien à dire pour la défendre ; mais en même-temps que je vous cede là-deſſus, je ſoupçonne tout-à-la-fois toutes les autres opinons que j'ai eues jufqu'ici dans l'efprit, & il n'en eft aucune dont vous n'ébranliez la certitude. En effet, je n'en vois point qui foit en apparence plus évidente que l'étoit celle dont vous venez de me détromper, & que je trouve maintenant auffi fauffe & auffi abfurde, qu'elle me paroiffoit vraie avant cet Entretien. Mais je penfe que nous avons pouffé pour le préfent la difpute affez loin. J'employerai volontiers le refte du jour à rouler dans mon efprit les différens chefs de notre converfation de ce matin ; & je ferai charmé de pouvoir vous retrouver ici demain à la même heure.

Phil. Je ne manquerai pas de m'y rendre.

TROISIEME
DIALOGUE.

PHILONOUS. Hé bien, *Hylas*, quels
font les fruits de vos méditations d'hier ?
vous ont-elles confirmé dans les mêmes
fentimens où je vous avois laiffé en vous
quittant ? ou avez-vous apperçu depuis ce
temps-là des raifons de changer d'avis ?

Hylas. En vérité, l'opinion où je fuis
maintenant, c'eft que toutes nos opinions
font également váines & incertaines. Ce
que nous approuvons aujourd'hui, nous
le condamnerons demain. Nous parlons
beaucoup de connoiffances ; nous paffons
même notre vie à chercher à en acquérir ;

cependant, malheureux que nous fommes, nous ignorons de tout pendant fa durée entiere, jufqu'-là que je regarderois comme une chofe impoffible, dans notre état actuel, de rien connoître abfolument. Nos facultés font trop étroites, & en trop petit nombre. Certainement la nature ne nous a point deftinés à la fpéculation.

Phil. Quoi, *Hylas*, penferiez-vous que nous ne connoiffons rien du tout?

Hylas. Il n'y a pas même jufqu'à notre propre connoiffance, dont il ne nous foit impoffible de connoître la nature réelle.

Phil. Me direz-vous que je ne connois pas réellement ce que c'eft que le feu & l'eau?

Hylas. Vous pouvez connoître, à la vérité, que le feu paroît chaud, & l'eau fluide ; mais ce n'eft-là autre chofe que connoître quelles fenfations l'application du feu & de l'eau aux organes de vos fens produit dans votre efprit. Quant à la conftitution intérieure du feu & de l'eau, vous êtes entiérement dans les ténébres fur ce point.   H iv

Phil. Je ne sais pas que le siége sur lequel je suis assis maintenant est une pierre réelle, & que ce que je vois devant mes yeux est un arbre réel ?

Hylas. Le savoir ! non vraiment : il est impossible que ni vous ni personne au monde le sachiez. Tout ce que vous savez, c'est que vous avez une certaine idée, ou une certaine apparence dans votre esprit ; mais quel rapport cela a-t-il à un arbre réel, ou à une pierre réelle ? La couleur, la figure & la dureté que vous appercevez par vos sens, ne constituent point du tout les natures réelles de ces choses, & ne leur ressemblent même en aucune maniere. On peut porter le même jugement de tous les autres êtres qu'on nomme réels, je veux dire, de toutes les substances corporelles qui composent le monde. Il n'en est point qui aient en elles-mêmes rien de semblable à ces qualités sensibles que nous y appercevons. Ainsi nous ne saurions prétendre pouvoir rien affirmer ni connoître de ce qu'elles sont dans leurs natures.

Phil. Cependant , *Hylas* , je puis certainement diftinguer l'or, par exemple, du fer ; & comment pourrois-je en venir à bout , fi je n'avois connu d'avance ce que chacune de ces chofes eft en elle-même ?

Hylas. Croyez-moi , *Philonoüs* , vous ne pouvez faire de diftinction qu'entre vos propres idées feulement. Penfez-vous que cette couleur jaune, ce poids , & ces autres qualités fenfibles , foient réellement dans l'or ? Ce font-là autant de chofes purement relatives à nos fens , & qui n'ont point d'exiftence abfolue dans la nature. En prétendant diftinguer les efpeces des êtres réels par les apparences qu'ils produifent dans votre efprit, vous pourriez vous conduire à-peu-près auffi fagement que celui qui concluroit que deux hommes feroient de figure différente , parce que leurs habits ne feroient pas de la même couleur.

Phil. Il femble donc que nous voilà confinés aux feules apparences des chofes , & même à de fauffes apparences des chofes. Ni ce que je mange, ni l'habit que je porte,

H v

n'ont , selon vous , rien de semblable ni à ce que je vois , ni à ce que je sens.

Hylas. C'est ce que je prétends.

Phil. Mais n'est-ce pas une chose étrange que le monde entier s'en laisse ainsi impofer , & qu'il soit assez fou pour s'en rapporter aux sens. Je ne sais, en vérité , comment il peut arriver que les hommes mangent , boivent , dorment , & exécutent toutes leurs autres fonctions animales, aussi gaiement & aussi à propos que s'ils connoissoient toutes les chofes avec lesquelles ils se croient des relations.

Hylas. Ils le font cependant ; mais vous savez bien que la pratique ordinaire ne demande pas un grand rafinement de connoissances spéculatives. Il arrive donc delà que le vulgaire retient ses erreurs , & que malgré cela il se tire du mieux qu'il peut des affaires de la vie ; mais les Philofophes connoissent mieux les chofes.

Phil. Vous voulez dire par-là qu'ils savent qu'ils ne savent rien.

Hylas. C'est-là le vrai faîte , & la vraie

perfection des connoiſſances humaines.

Phil. Mais m'avez-vous parlé tout de bon, *Hylas*, depuis que nous nous ſommes rejoints, & êtes-vous ſérieuſement perſuadé que nous ne connoiſſions rien de réel dans le mondè ? Quand vous voulez vous mettre à écrire, ne demandez-vous pas une plume, de l'encre & du papier comme un autre homme, & ne connoiſſez-vous pas alors ce que vous demandez ?

Hylas. A quoi bon me faire redire que je ne connois la nature réelle d'aucune choſe qui ſoit dans l'Univers. Je puis, à la vérité, faire uſage, dans l'occaſion, de plumes, d'encre & de papier ; mais je déclare que je ne ſais ce qu'aucune de ces choſes peut être dans ſa vraie nature ; & qu'il en eſt de même de toutes les autres choſes corporelles. Il y a plus : non-ſeulement nous ne connoiſſons point la nature vraie & réelle des choſes ; nous ignorons même leur exiſtence. J'avoue qu'on ne ſauroit nier que nous n'appercevions telles apparences ou telles idées : mais ce ſeroit mal-

H vj

à - propos qu'on voudroit conclure delà que les corps exiftent réellement. Et puif-que j'en fuis là-deffus, je dois même, con-formément à ce que je vous ai accordé, ajouter à cela qu'il eft impoffible qu'il exifte rien de réel & de corporel dans la nature.

Phil. Vous me furprenez : y eut-il jamais rien de plus étrange, & permettez même que je dife de plus extravagant, que ce que vous foutenez-là ? & n'eft-il pas évident que c'eft l'opinion où vous êtes qu'il exifte de la matiere, qui vous a jetté dans toutes ces abfurdités ? C'eft elle qui vous a fait rêver que vous apperceviez de ces natures inconnues dans chaque chofe. Ça été la feule raifon de la diftinction que vous avez faite entre la réalité des chofes & leurs apparences fenfibles. C'eft à elle que vous êtes redevable d'ignorer ce que tout le monde connoît à merveille. Ce n'eft pas là tout : non - feulement vous ignorez la vraie nature de chaque chofe ; vous ne favez pas non plus s'il exifte réellement aucune chofe, ou s'il eft même des vraies natures ; & cela , parce que vous attribuez à vos êtres matériels une exiſtence abſolue ou extérieure , dans laquelle vous faites conſiſter leur réalité ; & qu'étant enſuite obligé de reconnoître qu'une telle exiſtence renferme une contradiction manifeſte dans les termes, ou que c'eſt un mot abſolument vuide de ſens , vous vous trouvez par-là dans la néceſſité de vous déſiſter de votre propre hypotheſe de l'exiſtence d'une ſubſ-tance matérielle, & de nier en conſéquence fermement l'exiſtence réelle de tous les êtres de l'Univers ; d'où il arrive enfin que vous ne pouvez éviter de tomber dans le Scepticiſme le plus profond & le plus dé-plorable où jamais homme ſe ſoit laiſſé entraîner. Dites-moi, *Hylas* , la choſe n'eſt-elle pas comme je le dis ; ne vous reconnoiſſez-vous pas à ce portrait ?

Hylas. Je conviens avec vous que ma ſubſtance matérielle n'étoit autre choſe que le vain produit d'une hypotheſe , & d'une hypotheſe fauſſe & ſans fondement. Je ne m'arrêterai pas davantage à la défendre.

Mais quelque système que vous embrassiez, ou quelqu'arrangement de choses que vous substituiez en la place, je ne doute pas que l'un ou l'autre ne se trouve être à tous égards aussi faux. Permettez-moi de vous faire des questions là-dessus, c'est-à-dire, souffrez que je vous serve à votre maniere, & je garantis que je vous conduirai peu-à-peu de cette sorte au même état de Scepticisme où me voilà maintenant ; & cela, à travers autant d'embarras & de contradictions que j'en ai eus à essuyer.

Phil. Je vous assure, *Hylas* , que je ne prétends point du tout faire des systêmes. Je suis de la trempe ordinaire, assez simple pour en croire à mes sens, & pour laisser les choses dans l'état où je les trouve. Si vous voulez que je vous parle plus clairement, mon sentiment est que les êtres réels sont les choses mêmes que je vois, que je touche, en un mot, que j'apperçois par mes sens. Je les connois à merveille, & trouvant qu'elles répondent parfaitement à tous les besoins de ma vie, & à ma des-

tination actuelle, je n'aurois point de raison
de m'embarraffer l'efprit, ou de m'inquié-
ter d'aucun être inconnu. Un morceau
d'un pain fenfible, par.exemple, remettra
mieux mon eftomac, que dix mille fois autant de ce pain réel, infenfible & inintelligible dont vous me parlez. C'eft auffi
mon fentiment, que les couleurs & les
autres qualités fenfibles ne font point
féparées de leurs objets. Je ne faurois, pour
la vie, m'empêcher de penfer que la neige
eft blanche, & que le feu eft chaud. Vous
qui par la neige & le feu, entendez certaines fubftances extérieures à l'efprit, non
apperçues, & qui n'apperçoivent point,
vous êtes, à la vérité, en droit de nier que
la blancheur ou la chaleur foient des
affections inhérentes dans ces fubftances.
Mais quant à moi, qui entends par ces mots
les chofes que je vois & que je touche, je
fuis obligé de penfer comme le commun
des hommes. Au refte, de même que je ne
fuis point Sceptique fur la nature des chofes,
de même auffi ne le fuis-je point à l'égard

de leur exiſtence. Ce ſeroit, à mon avis, une contradiction manifeſte, qu'une choſe fût apperçue réellement par mes ſens, & qu'en même-temps elle n'exiſtât point; puiſque je ne ſaurois ſéparer, même par la penſée, l'exiſtence d'une choſe ſenſible, de la qualité qu'elle a d'être apperçue. Le bois, les pierres, le feu, l'eau, la viande, le fer & d'autres choſes ſemblables que je nomme, & dont je parle, ſont autant de choſes que je connois, ſans quoi je n'y aurois jamais penſé, ou je ne les aurois jamais nommées. Je ne les aurois non plus jamais connues, ſi je ne les avois apperçues par mes ſens. Les choſes que les ſens apperçoivent, ſont d'ailleurs apperçues immédiatement. Les choſes qui ſont apperçues immédiatement ſont des idées; & les idées ne ſauroient exiſter hors de l'eſprit. L'exiſtence des choſes dont je viens de parler, conſiſte donc dans la qualité qu'elles ont d'être apperçues; & il s'enſuit delà que lorſqu'on les apperçoit actuellement, on ne ſauroit former de doute ſur leur exiſtence. Loin

de nous par conséquent tout ce Scepticifme, & tous ces doutes tout à la fois philofophiques & ridicules. Quelle puérilité n'eft-
ce pas, par exemple, à un Philofophe, que
de regarder l'exiftence des chofes fenfibles
comme problématique, jufqu'à ce qu'il foit
venu à bout de la prouver par la confidéra-
tion de la véracité de Dieu ? & combien
ne feroit-il pas ridicule encore, de prétendre que la connoiffance que nous avons
fur ce fujet, fût d'un degré inférieur à
celles que nous acquérons par voie de
réflexion ou de démonftration ? Je doute-
rois, quant à moi, auffi-tôt de mon propre
être, que de l'être de ces chofes que je vois
& que je touche actuellement.

Hylas. N'allons pas fi vîte, *Philonoüs.*
Vous dites, ce me femble, que vous ne
fauriez concevoir comment les chofes
fenfibles exifteroient hors de l'efprit : n'eft-
ce pas-là ce que vous dites ?

Phil. D'accord.

Hylas. Et ne concevez-vous pas qu'en
vous fuppofant anéanti, il feroit encore

possible qu'il existât des choses propres à être apperçues par les sens ?

Phil. Je le conçois très-bien : mais j'ajoute que ces choses seroient alors dans un esprit qui ne seroit pas le mien. Lorsque je refuse aux choses sensibles l'existence hors de l'esprit, je n'entends point parler de mon seul esprit en particulier ; mais de tous les esprits ensemble. Il est clair que ces choses ont une existence extérieure à mon esprit ; puisque l'expérience me fait reconnoître qu'elles en sont indépendantes : mais ce que je dois inférer delà, c'est qu'il est quelqu'autre esprit où elles existent, même durant les intervalles qui s'écoulent entre les temps où je les apperçois. Il en a été de même avant ma naissance, & la même chose continueroit dans la supposition de mon anéantissement. Et comme ce que je dis-là à l'égard de mon esprit, est également vrai à l'égard de tout autre esprit fini & créé ; il s'ensuit enfin nécessairement de tout cela, qu'il existe un esprit présent partout & éternel, qui connoît & com-

prend toutes chofes, & qui nous les re-
préfente fuivant les regles qu'il s'eft pref-
crites à lui-même, & que nous appellons
les loix de la nature.

Hylas. Répondez-moi encore, *Philonoüs* : nos idées ne font-elles pas des êtres
abfolument paffifs & deftitués de toute
activité ? ou renfermeroient-elles quelqu'activité en elles-mêmes ?

Phil. Elles font purement paffives, &
deftituées de toute activité.

Hylas. Et Dieu n'eft-il pas un agent,
& même un Être purement actif ?

Phil. Je fais profeffion de le croire.

Hylas. Nulle idée ne fauroit donc ref-
fembler à Dieu, ou en repréfenter la nature ?

Phil. J'en conviens.

Hylas. Comment donc, n'ayant point
d'idée de l'efprit de Dieu, ou, ce qui paroît revenir au même, ne concevant point
l'efprit de Dieu, pouvez-vous concevoir
que les chofes dont nous parlons doivent
exifter dans l'efprit de Dieu ? ou, fi vous
prenez le parti de me dire que vous pouvez

concevoir l'esprit de Dieu, sans en avoir une idée, pourquoi ne pourrois-je pas à même titre concevoir l'existence de la matiere, bien que je n'en aie point d'idée?

Phil. A l'égard de votre premiere question, j'avoue que je n'ai proprement aucune idée ni de l'esprit de Dieu, ni d'aucun autre esprit; car puisque Dieu & les autres esprits sont des êtres actifs, ils ne sauroient être représentés par des choses destituées de toute activité, telles que sont toutes nos idées. Je sais néanmoins que moi, qui suis un esprit ou une substance pensante, j'existe; & je le sais avec la même certitude avec laquelle je connois l'existence de mes idées. Je sais encore ce que j'entends par les termes *je* ou *moi*, & je le sais immédiatement, ou intuitivement, quoique je ne l'apperçoive point de la même maniere que j'apperçois un triangle, une couleur ou un son. L'entendement, l'esprit ou l'ame, est cette chose indivisible & non étendue, qui pense, agit & apperçoit. Je dis *indivisible*, en tant que non étendue;

& *non étendue* , parce que les chofes étendues, figurées & mobiles, font des idées , & que ce qui apperçoit les idées , ce qui penfe & ce qui veut, ne fauroit évidemment être une idée, ni femblable à une idée. Les idées font des chofes deftituées d'activité & apperçues , & les efprits font une forte d'êtres , tout-à-fait différens de ceux-là ; & c'eft ce qui fait que je me garde bien de dire que mon efprit foit une idée, ou femblable à une idée. Quoi qu'il en foit , je conviendrai, fi vous voulez , qu'en prenant le mot *idée* dans un fens étendu, mon efprit me fournit une idée , c'eft-à-dire , une image ou une reffemblance de Dieu , quoiqu'à la vérité extrêmement imparfaite ; car je n'ai acquis la notion que j'ai de Dieu, qu'en réfléchiffant fur mon propre efprit, en élevant fes facultés ou fes puiffances , & en en retranchant toutes les imperfections. Si je n'ai donc pas une idée non active de la Divinité, j'en trouve néanmoins en moimême une efpece d'image penfante &

active ; & quoique je n'apperçoive point Dieu par les sens, j'en ai cependant une notion, ou je le connois par la voie de la réflexion & du raisonnement. Mon propre esprit & mes propres idées, sont autant d'objets dont j'ai une connoissance immédiate ; & c'est par leur secours & leur médiation, que je parviens à appercevoir l'existence des autres esprits & des autres idées. Enfin, mon propre être, & la dépendance que j'éprouve en moi-même & dans mes idées, me fournissent un motif suffisant d'inférer nécessairement, par un acte de raison, l'existence de Dieu, ainsi que celle de toutes les choses créées qui sont dans son esprit. En voilà assez sur votre première question. Quant à la seconde, je présume que vous devez être maintenant en état d'y répondre de vous-même. En effet, ni vous n'appercevez la matière objectivement, comme vous appercevez les êtres destitués d'activité, ou les idées ; ni vous ne la connoissez par un acte réfléchi, comme vous vous connoissez vous-même ;

ni vous ne l'appercevez par la médiation ;
ou de vos idées, ou de votre propre être,
& au moyen de sa ressemblance avec l'une
ou l'autre de ces deux especes d'êtres ; ni
vous ne pouvez enfin en conclure l'existence, par la voie du raisonnement, de
ce que vous connoissez immédiatement :
choses, qui concourent toutes à rendre la
considération de la matiere fort différente,
à l'égard dont nous parlons, de celle de
la Divinité.

Hylas. J'avoue que je suis entiérement
satisfait des réponses que vous venez de
faire à mes deux objections. Mais sérieu-
sement, pensez-vous que l'existence réelle
des choses sensibles ne consiste en autre
chose qu'en la qualité qu'elles ont d'être
actuellement apperçues ? Si cela est, comment a-t-il pu arriver que tous les hommes aient de concert jugé à propos de
faire une distinction entre l'une & l'autre
de ces deux choses ? Prenez le premier
homme que vous rencontrerez ; faites-lui
la question, & il vous répondra qu'être

apperçu eſt une choſe , & qu'exiſter en eſt une autre.

Phil. Je conſens, *Hylas* , d'en appeller au ſens qu'on donne ordinairement au mot *exiſtence* , pour juſtifier la vérité de mon ſentiment. Demandez à ce garçon Jardinier pourquoi il penſe que ce ceriſier exiſte dans ce Jardin , & il vous dira que c'eſt parce qu'il le voit, ou qu'il le touche, en un mot , parce qu'il l'apperçoit par ſes ſens. Demandez-lui pourquoi il juge qu'il n'y a point d'oranger dans ce même Jardin, & il vous répondra que c'eſt à cauſe qu'il n'y en apperçoit point. Ce qu'il apperçoit par ſes ſens, c'eſt ce qu'il appelle *être réel* , & qu'il dit *exiſter* ; & quant à tout ce que ſes ſens ne peuvent appercevoir, il vous dira que ce ſont autant de choſes qui n'ont point d'*exiſtence* ?

Hylas. Oui , *Philonoüs* , j'avoue que l'exiſtence d'une choſe ſenſible conſiſte en la qualité que cette choſe a de pouvoir être apperçue ; mais je ne conviens pas qu'elle conſiſte en celle d'être actuellement apperçue.

Phil.

Phil. Et qu'y a-t-il de propre à être apperçu, sinon les idées? Et une idée peut-elle exister sans être actuellement apperçue? Ce font-là des chefs dont nous sommes déjà convenus depuis long-temps?

Hylas. Quoi qu'il en soit de la vérité de votre opinion, au moins ne nierez-vous pas qu'elle ne soit choquante & contraire au sentiment commun? Demandez à ce même garçon fi l'arbre que voilà, a une exiftence hors de fon efprit; quelle réponfe penfez-vous qu'il vous fera?

Phil. Il m'en fera une femblable à celle que je me ferois moi-même : il me dira que l'arbre exifte hors de fon efprit ; mais d'un autre côté, des oreilles chrétiennes ne fauroient fe choquer de m'entendre ajouter à fa réponfe, que cet arbre réel qui exifte hors de fon efprit, eft véritablement connu & compris par l'efprit infini de Dieu, c'eft-à-dire, qu'il exifte dans l'entendement divin. Vraifemblablement le garçon dont vous me parlez, ne fera pas attention du premier coup-d'œil à la preuve directe & immédiate qu'on peut donner de ce fait ; & cela, parce que l'exiſtence d'un arbre ou de toute autre choſe ſenſible ſuffit ſeule pour occuper l'eſprit qui l'apperçoit : mais il ne ſauroit au moins nier la choſe. La queſtion entre les Matérialiſtes & moi, ne conſiſte point à ſavoir ſi les choſes ont une exiſtence réelle hors de l'eſprit de telle ou telle perſonne ; mais ſi elles en ont une abſolue & diſtincte de la qualité qu'elles ont d'être apperçues, même de Dieu, ou tout à la fois extérieure à tous les eſprits. Il eſt vrai que quelques Payens, & parmi eux quelques Philoſophes, ont été de ce ſentiment ; mais quiconque ſe ſera fait des notions de la Divinité conformes à la maniere dont l'Ecriture-Sainte nous en parle, ſera certainement d'un avis différent.

Hylas. Mais quelle différence y a-t-il dans votre ſentiment entre les choſes réelles & les chimeres que l'imagination a le pouvoir de ſe former, ou les viſions dont nous ſommes frappés dans les ſon-

ges, puisque tout cela est également dans
l'esprit ?

Phil. Les idées que l'imagination se
forme sont foibles ; elles ne sont point
distinctes , & elles dépendent outre cela
entiérement de la volonté : mais les idées
que nous appercevons par les sens, c'est-
à-dire, les choses réelles, sont plus vives
& plus claires ; & comme elles sont imprimées dans notre entendement par un
esprit différent de nous, nous n'appercevons pas en elles la même dépendance de
notre volonté. Il n'y a donc point de danger de confondre ces dernieres idées avec
les précédentes , & encore moins de les
confondre avec les visions des songes,
lesquelles sont toujours obscures, irrégu-
lieres & confuses ? En vain ces sortes de
visions seroient-elles vives & naturelles.
Comme elles ne seroient point en même-
temps liées aux événemens de notre vie
qui les auroient précédées, ou qui devroient les suivre, & qu'elles ne formeroient point un ensemble avec elles, on

pourroit toujours par cette raison les diftinguer aisément des réalités. En un mot,
quelque moyen que vous preniez dans votre
système pour distinguer les *choses* des *chimeres*, je pourrai en faire également
usage dans le mien ; car il sera fondé sans
doute sur quelque différence que vous
aurez apperçue entre ces deux especes
d'objets ; & je ne prétends pas vous priver
de la moindre des choses que vous appercevez.

Hylas. Mais toujours est-il vrai, *Philonoüs*, que vous soutenez qu'il n'y a rien
dans le monde que des esprits & des idées ;
& que vous ne sauriez vous empêcher de
convenir que cela sonne très-mal.

Phil. J'avoue que le mot *idée* que j'emploie pour le mot *chose*, contre l'usage
ordinaire, sonne dans mon sentiment d'une
maniere un peu singuliere. La raison que
j'ai eue pour le prendre dans cette acception, ç'a été qu'on le regarde généralement
comme renfermant une relation nécessaire
à l'esprit ; & que les Philosophes s'en ser-

vent aujourd'ui communément pour signifier les objets immédiats de l'entendement.
Mais quelque mal que la proposition puisse
sonner dans les termes, elle ne renferme
néanmoins rien de si étrange ou de si cho-
quant dans le sens ; puisqu'en effet elle se
réduit uniquement à dire, qu'il n'existe que
des choses qui apperçoivent & des choses
apperçues, ou que tout être destitué de la
pensée est nécessairement, & en conséquence de la nature de son existence,
apperçu par quelque esprit, sinon par des
esprits finis & créés, au moins par l'esprit
infini de Dieu, dans lequel *nous vivons,
nous sommes mus & nous existons.* Est-ce
donc là une chose aussi étrange que de
dire, comme vous faites, que les qualités
sensibles ne sont point répandues sur les
objets, ou que nous ne pouvons être sûrs
de l'existence des objets, ni rien connoître
de leur nature, lors même que nous les
voyons, que nous les touchons, en un
mot, que nous les appercevons par tous
nos sens.

I iij

Hylas. Et en conféquence de ce fyftême, ne devrions-nous pas penfer qu'il n'exifteroit rien de femblable à des caufes phyfiques ou corporelles ? Et quoi de plus déraifonnable que cette prétention ?

Phil. Il y auroit fans doute bien moins de raifon à dire qu'une chofe deftituée d'activité opéreroit fur un efprit, & que ce qui n'auroit point la faculté d'appercevoir pourroit être la caufe de nos perceptions; & cela, fans s'embarraffer comment une pareille prétention pourroit s'accorder avec cet axiome reçu de tous les temps, qu'aucune chofe *ne peut donner à une autre ce qu'elle n'a point elle-même.* Outre que ce qui vous paroît, je ne fais pourquoi, fi déraifonnable, n'eft rien de plus que ce que les Saintes-Ecritures nous affurent en cent endroits. Vous conviendrez avec moi qu'elles nous repréfentent partout l'Être fuprême comme le feul auteur, & l'auteur immédiat de tous ces effets, que quelques Payens & quelques Philofophes de nos jours ont coutume d'attribuer à la nature,

à la matiere, au deftin ou à d'autres principes femblables & non penfans. C'eft fi
bien là leur langage conftant, que ce feroit
une chofe fuperflue que d'entreprendre de
prouver ici le fait par des citations.

Hylas. Vous ne prenez pas garde, *Philonoüs*, qu'en regardant ainfi Dieu comme
la caufe immédiate de tous les mouvemens
qui ont lieu dans la nature, vous le rendez
auteur du meurtre, du facrilége, de l'adul-
tere, & de plufieurs autres péchés non
moins déteftables.

Phil. Pour répondre à cela, j'obferve
d'abord que l'imputation d'un crime n'eft
pas moins odieufe lorfqu'on eft accufé
d'avoir commis ce crime avec un inftrument, que lorfqu'on eft accufé de l'avoir
commis fans inftrument ; d'où il s'enfuit
qu'en fuppofant que Dieu agit par la médiation d'un inftrument que vous nom-
meriez *matiere*, vous ne le rendriez pas
moins auteur du péché que je ne ferois,
moi, en le regardant comme auteur immédiat de toutes ces fortes d'opérations qu'on

attribue ordinairement à la nature. Je remarque enfuite que le péché ou la diffor-
mité morale ne confifte point dans l'action
ou le mouvement extérieur & phyfique ;
mais en ce que la volonté s'éloigne des
loix de la raifon & de la Religion. La chofe
eft évidente, puifque l'action de tuer un
ennemi dans une bataille, ou de donner
la mort à un criminel en exécution des
loix, n'eft pas regardée comme un péché,
quoique l'acte extérieur foit dans ce cas
précifément le même que dans celui du
meurtre. Suppofer que Dieu foit la caufe
immédiate des actions phyfiques, ce n'eft
donc pas le rendre auteur du péché. Enfin,
je n'ai jamais dit que Dieu fût le feul agent
qui produisît tous les mouvemens dans les
corps. Il eft vrai que j'ai nié qu'il y eût
d'autres agens que les efprits : mais cela
n'empêcheroit point du tout qu'on ne pût
attribuer aux êtres penfans & raifonnables,
d'exercer dans la production des mouvemens, quelques puiffances limitées, qui
dériveroient, à la vérité, en dernier reffort

de Dieu, mais qui seroient d'un autre côté sous la direction immédiate de ces êtres ; & c'en est assez pour juger que ces mêmes êtres pourroient être coupables des mauvaises actions qui en émaneroient ?

Hylas. Mais nier la matiere ou la substance corporelle, *Philonoüs*, c'est-là le point. Vous ne me persuaderez jamais que ce ne soit une chose qui répugne au sentiment universel des hommes. Si notre contestation pouvoit être décidée à la pluralité des voix, je suis bien sûr que vous me céderiez la partie, sans vous donner la peine de recueillir les suffrages.

Phil. Je souhaiterois de tout mon cœur qu'on exposât bien nos deux opinions, & qu'on les soumît ensuite au jugement de gens de bon sens, & qui ne fussent point prévenus des préjugés qu'on puise dans les Ecoles. Représentez-moi comme quelqu'un qui s'en rapporte à ses sens, qui pense connoître les choses qu'il voit & qu'il touche, & qui ne forme aucun doute sur leur existence ; & montrez-vous vous-

I v

même de votre côté avec tous vos doutes, vos paradoxes, & ce Scepticisme dans lequel vous vous enveloppez continuellement; & je ne demande pas mieux que de m'en rapporter ensuite au jugement de toute personne indifférente. C'est pour moi une chose évidente qu'il n'y a d'autres substances où les idées puissent exister, que les esprits. Nous convenons tous deux que les objets qu'on apperçoit immédiatement sont des idées. Enfin, personne ne peut nier que les qualités sensibles ne soient ces objets que nous appercevons immédiatement. Il est donc évident qu'il ne sauroit y avoir d'autre *substratum* ou soutien de ces qualités, que les esprits dans lesquels elles existent, non par maniere de mode ou de propriété, mais comme une chose apperçue dans celle qui l'apperçoit. Je nie donc qu'il existe aucun soutien non pensant des objets des sens, & par conséquent aucune substance matérielle dans cette acception de ce mot. Mais si l'on entend par substance matérielle les seuls corps sensi-

bles, ceux qu'on voit & qu'on touche
(& j'ose dire que la partie non philosophique du monde n'entend autre chose par
ces mots) ; je suis plus certain alors de
l'existence de la matiere, que vous ou aucun
autre Philosophe ne puissiez prétendre de
l'être. Si quelque chose peut éloigner le
commun des hommes des sentimens que
j'épouse , c'est de croire mal-à-propos que
je nie la réalité des choses sensibles : mais
comme c'est vous qui êtes dans cette erreur , & non moi , il s'ensuit delà que dans
le vrai , c'est contre votre sentiment , &
non contre le mien , que doit se tourner
l'aversion générale. Je déclare donc que je
suis aussi certain qu'il y a des corps ou des
substances corporelles (entendant par - là
les choses que j'apperçois par mes sens), que
je le suis de ma propre existence ; à quoi
j'ajoute que cela posé, le gros du monde
ne doit nullement être inquiet de ce que
pourront devenir ces natures inconnues ,
ou ces qualités philosophiques , pour lesquelles quelques personnes se passionnent.

I vj

fi fort, ni fe croire en aucune forte inté-
reffé à leur fort.

Hylas. Que direz-vous à ceci ? Puifque,
felon vous, les hommes doivent juger de
la réalité des êtres par leurs fens ; comment
un homme peut-il fe tromper, en prenant
la Lune pour une furface unie & lumineu-
fe, d'environ un pied de diametre, en
jugeant ronde une tour quarrée qu'il voit de
fort loin ; enfin, en affirmant qu'une rame
qui eft enfoncée à moitié dans l'eau n'eft
pas droite, mais courbe ?

Phil. Cet homme ne fe trompe nullement dans les perceptions actuelles qu'il
a de fes idées ; mais feulement dans les
conféquences qu'il tire de fes perceptions
actuelles. Ainfi dans l'exemple de la rame,
ce qu'il apperçoit immédiatement par le
fens de la vue, n'eft pas droit, mais courbe ;
& tant qu'il ne fera que le juger tel, il
n'aura pas encore commis d'erreur : mais
s'il paffe delà jufqu'à conclure qu'après
avoir retiré la rame de l'eau, il continueroit
à y appercevoir par la vue la même cour-

bure, ou même que la rame devroit , en restant dans l'eau , affecter son toucher comme les choses courbes ont coutume de le faire, c'est en cela que se trouvera l'erreur. De même dans les exemples de la Lune & de la Tour, si l'homme dont vous parlez, conclut de ce qu'il aura apperçu dans une seule station, qu'en supposant qu'il avançât vers la Lune ou vers la Tour, & qu'il se transportât ainsi dans des positions différentes , relativement à l'un ou à l'autre de ces corps, il continueroit toujours à être affecté des mêmes idées, il se trompera certainement alors : mais ce n'est point dans sa perception immédiate & actuelle que consistera son erreur (car il y auroit une contradiction manifeste à supposer qu'il pût se tromper à cet égard); ce sera seulement dans les faux jugemens qu'il portera sur les idées qu'il concevra comme liées avec celles qu'il aura apperçues immédiatement, ou sur les idées qu'il regardera , d'après ce qu'il aura apperçu alors, comme devant être apperçues dans d'autres circonſtances. C'eſt à-peu-près ce qui arrive à l'égard de la Terre dans le ſyſtême de Copernic. Quoique nous n'y appercevions d'ici aucun mouvement, ce ſeroit néanmoins une erreur que de conclure delà, qu'au cas que nous en fuſſions auſſi éloignés que nous le ſommes maintenant des autres Planettes, nous ne lui découvririons pas alors du mouvement.

Hylas. Je vous entends, & je ne puis m'empêcher d'avouer que vous venez de me dire là des choſes aſſez plauſibles : mais permettez-moi de vous propoſer une réflexion. Je vous prie, *Philonoüs*, n'avez-vous pas été autrefois auſſi décidé ſur l'exiſtence de la matiere, que vous l'êtes à préſent ſur ſa non-exiſtence ?

Phil. Je l'étois ; mais voici en quoi conſiſte la différence. L'opinion où j'étois autrefois, & que je croyois certaine, n'avoit point été ſoumiſe à l'examen, & elle étoit fondée ſur mes ſeuls préjugés ; au-lieu que la certitude que j'ai en effet maintenant eſt le fruit de mes recherches, & eſt fondée ſur l'évidence.

Hylas. Après tout, il me semble que notre dispute roule plutôt sur les mots, que sur la chose même ; en effet, nous convenons de la chose, & nous ne différons que sur le nom qu'il faut lui donner. Que nous soyons affectés d'idées qui nous viennent du dehors, rien n'est plus évident ; & il ne l'est pas moins qu'il doit y avoir (je ne dis pas des archétypes), mais des puissances existantes hors de l'esprit, qui correspondent à ces idées. Et comme ces puissances ne sauroient subsister par elles-mêmes, il faut nécessairement admettre quelque sujet où elles résident ; sujet que j'appelle *matiere*, & que vous nommez *esprit* : voilà toute la différence.

Phil. Je vous prie, *Hylas*, cet Être puissant, ou ce sujet des puissances, est-il étendu ?

Hylas. Il n'a point d'étendue, mais il a le pouvoir de faire naître en nous l'idée de l'étendue.

Phil. Il est donc en soi non étendu ?
Hylas. D'accord.

Phil. N'est-il pas aussi actif ?

Hylas. Sans dôute ; autrement, comment pourrions-nous lui attribuer des puissances ?

Phil. Permettez moi de vous faire encore deux autres questions : la premiere, si c'est une chose conforme à l'usage, soit des Philosophes, soit du reste des hommes, que de donner le nom de matiere à un être non étendu & actif : la seconde, si ce n'en est pas une absurde jusqu'au ridicule, que de changer les noms d'une maniere contradictoire à l'usage ordinaire du langage ?

Hylas. Hé bien donc, n'appellons plus cet Être *matiere*, puisqu'il vous plaît de lui refuser ce nom : je veux bien, quant à moi, qu'il soit d'une nature distincte tout à la fois de la matiere & de l'esprit ; mais quelle raison y a-t-il pour que vous l'appelliez *esprit* ? la notion d'un esprit n'emporte-t-elle pas de penser, aussi-bien que d'être actif & non étendu ?

Phil. La raison que j'ai pour cela, c'est

que je voudrois m'entendre un peu moi-
même dans ce que je dis, & en avoir quelque notion ; qu'en même-temps je n'ai
aucune notion de quelqu'action que ce
puisse être, qui seroit distincte d'une volition ; & qu'enfin, je ne puis concevoir une
volition ailleurs que dans un esprit ; d'où
il s'ensuit que toutes les fois que je parle
d'un être pensant, je suis obligé d'entendre par-là un esprit. D'ailleurs, quoi de plus
clair que ces deux vérités, qu'une chose
qui n'a point d'idées en elle-même, ne
sauroit m'en communiquer, & que tout ce
qui a en soi des idées ne peut manquer
d'être un esprit. Pour mettre encore, s'il
est possible, tout cela dans un plus grand
jour, je conviendrai avec vous, que puisque nous recevons des affections du dehors,
nous devons admettre des puissances extérieures à nous, & qui résident dans un
être différent de nous. Nous sommes d'accord jusque-là ; mais nous ne le sommes
plus de même sur ce qui regarde la nature
de cet Être puissant. Je prétends que c'est

un efprit; vous, que c'eft la matiere, óu je ne fais quelle troifieme efpece de nature, que je puis même ajouter que vous ne con-noiffez pas mieux que moi. Voici, quant à moi, comment je prouve que c'eft un efprit. De la production des effets dont je fuis témoin, je conclus qu'il exifte des actions ; de ce qu'il exifte des actions, qu'il exifte des volitions ; enfin, de ce qu'il exifte des volitions, qu'il doit exifter une volonté. D'ailleurs les chofes que j'ap-perçois doivent, ou elles ou leurs arché-types, avoir une exiftence hors de mon entendement. Mais puifque ce font des idées, ni elles ni leurs archétypes ne fau-roient exifter hors de tout entendement. Il exifte donc un entendement différent du mien, & qui eft là caufe de mes percep-tions. Mais la volonté & l'entendement forment, dans le fens le plus rigoureux, la notion complette d'un efprit. La caufe puiffante des perceptions que j'ai de mes idées, eft donc un efprit, & cela dans l'acception la plus rigoureufe de ce mot?

Hylas. Je répondrois bien que vous pensez en ce moment avoir répandu un grand jour sur le point que nous discutons; & que vous ne soupçonnez guere que ce que vous venez d'avancer conduise à une contradiction. N'est-ce pas une absurdité que d'imaginer quelque imperfection en Dieu ?

Phil. Sans doute.

Hylas. Et n'est-ce pas une imperfection que de souffrir de la douleur ?

Phil. J'en conviens.

Hylas. Ne recevons-nous point quelquefois de la douleur & du plaisir qui ont leurs causes dans des êtres extérieurs à nous ?

Phil. Je vous l'accorde.

Hylas. Et n'avez-vous pas dit que l'Être dont vous parliez étoit un esprit, & cet esprit n'est-ce pas Dieu ?

Phil. Tout cela est vrai.

Hylas. Mais vous avez avancé pareillement que toutes les idées qui nous viennent du dehors, sont dans l'esprit qui agit

fur nous. Les idées de douleur & de déplai-
fir font donc, felon vous, en Dieu ; ou en
d'autres termes, Dieu fouffre de la douleur,
ou eft affecté de différens déplaifirs ; c'eft-
à-dire, qu'il y a une imperfection dans la
nature Divine ; ce que vous avez déjà reconnu pour une abfurdité. Vous voilà donc
tombé, fans y penfer, dans une abfurdité
manifefte.

Phil. Que Dieu connoiffe ou apperçoive
toutes chofes, & qu'il connoiffe entr'autres
chofes ce que c'eft que la douleur, même
jufqu'à chaque efpece de fenfation douloureufe, ou qu'il fache ce que c'eft pour fes
Créatures que de fouffrir de la douleur ; je
n'en doute nullement : mais que Dieu,
quoiqu'il connoiffe & qu'il produife quelquefois en nous des fenfations douloureu-
fes, puiffe fouffrir de la douleur, c'eft ce
que je nie abfolument. Nous qui fommes
des efprits limités & dépendans, nous
fommes fujets aux impreffions des fens ;
effets qui ont pour caufe un agent extérieur,
& qui étant quelquefois produits en nous

contre nos volontés , peuvent ainsi être
quelquefois douloureux & désagréables.
Mais Dieu , qu'aucun être extérieur ne
sauroit affecter , qui n'apperçoit rien par
les sens comme nous faisons , dont la
volonté est absolue & indépendante , qui
est la cause de tout , à qui rien ne peut
faire obstacle ou résister ; un Être , dis-je ,
tel que Dieu , ne peut évidemment rien
souffrir , ou ne sauroit être affecté par
aucune sensation douloureuse , ni même
par aucune espece de sensation. Nous sommes comme enchaînés à un corps , c'est-à-
dire , que nos perceptions sont liées à des
mouvemens corporels : les loix de la nature
font que nous nous sentions affectés à chaque altération qui arrive dans les parties
nerveuses de ce corps sensible , lequel , à
en bien juger , n'est rien de plus qu'une com-
plexion de qualités ou d'idées qui n'ont aucune existence distincte de la propriété
d'être apperçues par un esprit ; & cette
connexion de nos sensations avec les mouvemens de notre corps , n'emporte , en effet ,

autre chofe qu'une correfpondance dans l'ordre de la nature , entre deux fuites d'idées, ou de chofes qui peuvent être ap-perçues immédiatement. Mais Dieu eft un pur Efprit , dégagé de toutes ces fortes de fympaties ou de liens naturels ; & dans ces Efprits , nul mouvement corporel n'eft accompagné de douleur ou de plaifir. C'eft certainement une perfection que de con-noître tout ce qui peut être connu : mais d'endurer quelque chofe , de fouffrir quel-que chofe , ou même d'appercevoir quelque chofe par les fens, c'eft une imperfection. Je conviens que le premier de ces attributs peut appartenir à Dieu ; en effet , Dieu connoît, ou a des idées : mais il n'en fe-roit pas de même du fecond, puifque Dieu ne reçoit aucune idée par des fens com-me nous faifons. C'eft parce que nous ne diftinguons point dans une occafion où la différence eft fi manifefte & fi néceffaire, que nous nous imaginons voir une abfur-dité où il n'y en a aucune?

Hylas. Mais durant tout ce raifonnement, vous n'avez pas fait attention qu'il a été démontré que la quantité de matiere est proportionnelle à la gravité des corps : & que pourroit-on opposer à une démonstration ?

Phil. Voyons un peu comment vous démontrez cela ?

Hylas. Je prends pour principe que les *momens* ou les quantités de mouvement des corps sont en raison composée de la raison directe de leurs vîtesses, & de celle des quantités de matiere qu'ils renferment ; d'où il s'ensuit que si les vîtesses sont égales, les momens seront alors proportionnels aux quantités de matiere des corps. Mais l'expérience fait voir que tous les corps descendent avec une vîtesse égale, à quelque petite différence près, qu'il faut attribuer à la résistance de l'air. Le mouvement des corps qui descendent, & par conséquent leur gravité, sont donc proportionnels à la quantité de matiere que les corps renferment, comme il falloit le démontrer.

Phil. Vous prenez pour un principe
évident par lui-même, que la quantité
de mouvement d'un corps quelconque,
est en raison composée des raisons directes,
de la vîtesse de ce corps, & de la quantité de matiere qu'il contient ; & vous faites en même-temps usage de ce même principe, pour prouver une proposition d'où
vous inférez l'existence de la matiere.
N'est-ce pas là, je vous prie, tomber dans
un cercle vicieux ?

Hylas. Tout ce que j'entends dire dans
la premiere de mes prémisses, c'est que le
mouvement est proportionnel au produit
de ces trois produisans, la vîtesse, l'étendue, & la solidité.

Phil. Mais en supposant cela vrai, il ne
s'ensuivra pas néanmoins delà que la gravité soit proportionnelle à la quantité de
matiere, dans le sens philosophique que
vous donnez à ce mot ; excepté que vous
ne vouliez regarder comme une chose in-
contestable, qu'un *substratum* inconnu,
soit que vous l'appelliez de ce nom ou de

tout

tout autre, doive être proportionnel au produit de ces différentes qualités sensibles ; ce que vous ne pouvez mettre en principe, sans supposer ce qui est question. Je vous accorde volontiers qu'il est en une grandeur, une solidité, & une résistance que les sens apperçoivent ; & je ne vous disputerai pas non plus que la gravité ne soit proportionnelle au produit de toutes ces qualités : mais que ces qualités, telles que nous les appercevons, ou les puissances qui les produisent, existent dans un *substratum* ou soutien matériel, c'est-là ce que je nie, & ce que vous affirmez, à la vérité, de votre côté, mais que vous n'avez pas encore prouvé, malgré votre prétendue démonstration.

Hylas. Je n'insisterai pas davantage là-dessus. Penseriez-vous néanmoins me persuader que les Physiciens n'eussent fait jusqu'à présent autre chose que rêver ? Et que deviendront, je vous prie, toutes leurs hypotheses & toutes leurs explications des phénomenes, parmi lesquelles il n'en est

K

aucune qui ne suppose l'exiſtence de la matiere ?

Phil. Qu'entendez - vous, *Hylas*, par des phénomenes ?

Hylas. J'entends par-là des apparences que j'apperçois par les ſens.

Phil. Et toutes les apparences que vous appercevez par les ſens, ne ſont-elles pas des idées ?

Hylas. Je vous ai dit cent fois qu'oui.

Phil. Expliquer des phénomenes, c'eſt donc montrer comment il arrive que nous ſoyons affectés de nos idées, en la maniere dont nous les recevons par les ſens, & dans l'ordre ſuivant lequel elles s'offrent à nous ?

Hylas. D'accord.

Phil. Hé bien, *Hylas*, j'avoue que ſi vous venez à bout de me faire voir qu'aucun Philoſophe ait encore expliqué par le ſecours de la matiere, la production de telle que vous voudrez de nos idées, je ne pourrai en ce cas me diſpenſer de me rendre ; & que je ne devrai même plus faire déſor-

mais aucun cas de tout ce que j'ai dit
jusqu'à présent contre la matiere. Mais
d'un autre côté, si vous ne pouvez y réussir,
ce seroit alors en vain que vous persisteriez
à m'objecter l'explication des phénomenes.
Qu'un être doué de connoissance & de
volonté produise ou représente des idées,
c'est ce que l'on comprend aisément : mais
qu'un être qui seroit entiérement destitué
de ces facultés pût produire des idées, ou
affecter de quelque maniere que ce fût une
intelligence, c'est ce que je n'entendrai
jamais. Quand bien même il seroit vrai de
dire que nous aurions quelque notion positive de la matiere ; quand bien même
nous en connoîtrions les qualités, & que
nous en pourrions comprendre l'existence;
nous serions cependant si éloignés d'être
en état de rien expliquer d'après cette supposition, que cette supposition même seroit
la chose la plus inexplicable. Et mal-à-
propos m'objecteriez-vous qu'il paroîtroit
s'ensuivre delà que les Physiciens n'auroient
point jusqu'ici avancé du tout dans la con-

noiſſance de la natûre ; puiſqu'il eſt vrai
de dire qu'en obſervant la connexion de
nos idées, & en raiſonnant d'après ces
obſervations, ils découvrent peu-à-peu les
loix de la nature, ou les voies que la nature
ſuit dans la production de ſes effets ; eſpece
de connoiſſance qui n'eſt pas moins utile
qu'agréable.

Hylas. Après tout, peut-on ſuppoſer
que Dieu eût voulu nous tromper ? &
vous imaginez-vous qu'il eût donné au
monde entier un penchant ſi décidé à croire
que la matiere exiſtât, s'il n'exiſtoit rien de
ſemblable ?

Phil. Je me perſuade que vous ne prétendez pas qu'il faille imputer à Dieu chaque opinion, pour ainſi dire épidémique,
qui peut tirer ſon origine ou des préjugés,
ou des paſſions, ou de l'inattention des
hommes. Vous ne ſauriez en effet le regarder comme auteur d'une opinion, qu'en
vertu de l'une de ces deux raiſons, ou bien
qu'il nous en auroit découvert la vérité par
une révélation ſurnaturelle, ou bien qu'elle

(221)

feroit fi évidente au témoignage des facultés naturelles que nous tenons de lui, qu'il
nous feroit impoffible d'y refufer notre
acquiefcement. Mais où eft la révélation,
ou bien où eft l'évidence qui nous oblige
à croire à la matiere ? Comment même
feroit-on voir que le monde entier, ou
même un petit nombre de perfonnes (fi
l'on en excepte quelques Philofophes, qui
ne favent ce qu'ils prétendent), aient crû
jufqu'à préfent l'exiftence de la matiere,
en entendant par ce mot quelque chofe
de diftinct de ce que nous appercevons
par les fens ? Votre queftion fuppoferoit
que tous ces points euffent été préalablement éclaircis ; & ce ne fera qu'après que
vous aurez en effet pris la peine de me les
éclaircir, que je penferai être obligé à vous
donner une autre réponfe. Contentez-vous,
en attendant, de la profeffion que je fais de
ne fuppofer en aucune forte que Dieu ait
trompé le genre humain.

Hylas. Mais la nouveauté, *Philonoüs,*
la nouveauté ! Il y a en cela du danger à

les nouveaux fentimens ne font guere fortune ; on s'y oppofe toujours ; ils dérangent les efprits des hommes ; & qui fait jufqu'où cela peut aller ?

Phil. Je n'imagine point comment, en rejettant une opinion qui n'a de fondement ni dans le témoignage des fens, ni dans celui de la raifon, ni dans l'autorité de la révélation divine, je pourrois paffer pour ébranler la certitude ou la vraifemblance de celles qui font appuyées fur l'un de ces fondemens, ou fur plufieurs à la fois. Je ferai le premier à avouer que toute innovation, en fait de gouvernement ou de Religion, eft une chofe très-dangereufe, & à laquelle on doit fans doute s'oppofer fortement. Mais y a-t-il la même raifon de bannir les innovations de la Philofophie? Faire connoître une chofe qui avoit été jufqu'alors inconnue, c'eft une innovation en fait de connoiffances ; & il faut convenir que fi on avoit profcrit toutes les innovations de cette efpece, les hommes fe trouveroient maintenant avoir fait de jolis

progrès dans les Arts & dans les Sciences.
Mais je n'entreprends point de défendre
ici ni des nouveautés, ni des paradoxes.
Prétendre que les qualités que nous appercevons ne font point dans les objets ; que
nous ne devons point en croire à nos fens ;
que nous ne connoiffons rien de la nature
réelle des chofes, & que nous ne pouvons
jamais être affurés, même de leur exiftence ;
que les couleurs & les fons réels ne font
rien de plus que certaines figures & certains
mouvémens inconnus ; que les mouvemens
ne font en eux-mêmes ni prompts ni lents ;
qu'il y a dans les corps des étendues ab-
folues ; qu'une chofe d'une nature groffiere,
une chofe deftituée de penfée ainfi que
d'action, opere fur un efprit ; que la moindre particule d'un corps eft compofée de
parties étendues, dont on ne fauroit affi-
gner le nombre ; ce font-là les nouveautés
& les penfées bizarres qui choquent les
lumieres pures & naturelles que la raifon
préfente à tous les hommes, & qui, une
fois qu'on les a admifes, jettent inévitable-

ment l'esprit dans un labyrinthe de doutes & de difficultés sans fin. C'est contre ces innovations & d'autres semblables, que je me propose de prendre la défense du simple bon sens. Il est vrai que dans l'exécution de ce dessein, je puis me trouver obligé de me servir de quelques circonlocutions & de quelques manieres de parler peu ordinaires : mais une fois qu'on entendra bien mes sentimens, ce qu'on pourra y trouver de plus singulier, se réduira seulement à cette proposition, qu'il est absolument impossible & contradictoire qu'un être destitué de pensée existe sans être apperçu actuellement par un esprit ; & si ce sentiment paroît singulier, il seroit honteux que ce pût être de nos jours, & dans un pays Chrétien.

Hylas. Quant aux difficultés auxquelles les opinions des autres peuvent être sujettes, c'est une chose étrangere à notre discussion. Tout ce que vous devez vous proposer ici, c'est de défendre la vôtre. Quoi de plus clair que ce fait, que vous prétendez

changer toutes les chofes en des idées,
vous, dis-je, qui ne vous faites point de
fcrupule de me charger de l'imputation du
Scepticifme. Cela eft fi évident, que vous
ne fauriez le nier.

Phil. Vous avez mal pris ce que j'ai dit.
Je ne change point les chofes en des idées;
mais je change feulement les idées en des
chofes : car ces objets immédiats de la
perception, qui, felon vous, ne font que
des apparences de chofes, ce que je fais,
moi, c'eft de les prendre pour autant d'êtres
réels.

Hylas. Pour des êtres réels! Vous pouvez prétendre tout ce qu'il vous plaira;
mais il n'en fera pas moins certain que
vous ne nous laiffez que les vaines formes
des chofes, le feul dehors qui frappe les
fens.

Phil. Ce que vous entendez par les formes & les dehors des chofes, me paroît
à moi, conftituer les chofes mêmes; &
tout cela n'eft ni vain ni incomplet, fi ce
n'eft dans la fuppofition que vous faites

que la matiere soit une partie essentielle
des choses corporelles. Nous convenons
donc ensemble, en ce que nous disons l'un
& l'autre que nous n'appercevons que les
seules formes sensibles : mais ce en quoi
nous différons, c'est que vous prétendez que
ces formes ne sont que de vaines apparences, au-lieu que j'en fais, moi, des êtres réels.
En un mot, vous ne vous en fiez pas à vos
sens, & moi je m'en rapporte aux miens.

Hylas. Vous dites que vous vous en
rapportez à vos sens, & vous paroissez vous
applaudir d'être en cela d'un sentiment
conforme à celui du vulgaire. Les sens
nous découvriroient donc, selon vous, la
vraie nature des choses. Mais, s'il en étoit
ainsi, comment pourroit-il arriver qu'on
n'apperçût point la même figure, ou en
géneral les mêmes qualités sensibles, par
tous les sens à la fois ? & pourquoi seroit-
on obligé de se servir d'un microscope
pour mieux découvrir la vraie nature d'un
corps ? Quel moyen trouverez-vous de
vous tirer de ces contradictions ?

Phil. Il est vrai, *Hylas*, qu'à proprement parler, nous ne voyons pas les mêmes objets que nous sentons par le toucher, & il ne l'est pas moins que ceux que le microscope nous découvre, ne sont pas les mêmes que nous appercevons à l'œil nud. Mais si la moindre variation nous avoit pu fournir un motif suffisant pour former de nouvelles especes d'êtres, ou de nouveaux individus, leur nombre infini, & la confusion qu'il auroit introduite dans les noms, auroient rendu le langage impraticable. Pour éviter cet inconvénient, aussi-bien que d'autres qu'on apperçoit facilement, pour peu qu'on y pense, les hommes ont donc réuni ensemble, par le secours de la mémoire, plusieurs idées qu'ils avoient apperçues par différens sens, ou qu'un même sens leur avoit fournies en différens temps & en différentes circonstances, & entre lesquelles ils avoient observé que la nature mettoit quelque connexion, soit par rapport à la coexistence, soit par rapport à la succession mutuelle; & les ayant ensuite

K vj

rapportées à un même nom, ils se sont
accoutumés en cette sorte à les considérer
comme une même chose. D'où il s'ensuit
que si ayant déjà vu une chose, je l'examine de nouveau par mes autres sens,
ce ne doit être nullement dans le dessein
de parvenir à la mieux comprendre (l'objet
d'un sens ne pouvant absolument être saisi
par un autre sens); & que de même, si je
me sers quelquefois d'un microscope, ce
ne sauroit être parce que j'espérerois appercevoir par ce moyen plus clairement l'objet
que j'ai déjà apperçu auparavant de mes
yeux; mais que dans l'un & l'autre de ces
deux cas je ne puis me proposer autre chose,
que de connoître qu'elles sont les idées
qui sont liées ensemble dans l'objet qui
fixe mon atttention; enfin, que plus un
homme connoît de ces sortes de connexions
d'idées, plus il doit être dit avoir appro-
fondi la nature des choses. Mais qu'arrivera-t-il si nos idées sont variables, ou si
nos sens ne sont pas affectés des mêmes
apparences dans toutes les circonstances?

Ce qu'il y a de certain, c'est qu'il ne s'ensuivra point du tout delà que nous ne
devions point nous en rapporter à nos
sens, ni que nos sens se démentent eux-
mêmes, ni que leur témoignage soit contradictoire à aucune notion que nous puissions avoir dans l'esprit, à moins que ce ne
fût à celle de je ne sais quelle nature réelle,
singuliere, constante, & absolument im-
perceptible que chaque nom désigneroit,
dont nous nous serions laissés préoccuper,
qui auroit vraisemblablement tiré son
origine des méprises où nous tombons sur
le sens du langage ordinaire, lorsque nous
entendons les hommes parler de différentes
idées distinctes les unes des autres, comme
si leur esprit les avoit réunies dans une seule
& même chose, & qui seroit à cet égard
dans le même cas où plusieurs fausses opinions des Philosophes pourroient bien se
trouver de leur côté; puisque rien n'est si
commun en Philosophie, que de bâtir des
systêmes non sur des notions, mais sur
les simples mots que le vulgaire s'est for-

més, dans la vue de s'aider par-là à s'acquitter avec plus d'expédition des actions ordinaires de la vie, & sans penser du tout à la spéculation.

Hylas. Il me semble que je comprends ce que vous dites-là.

Phil. Vous êtes du sentiment que les idées que nous appercevons par nos sens, ne sont point des êtres réels ; mais que ce ne sont seulement que des images ou des copies d'êtres réels. Cela posé, nos connoissances ne sauroient, selon vous, être réelles, qu'autant que leurs objets immédiats seroient de vives représentations de leurs originaux. Et puisque ces originaux que vous supposez, nous seroient d'un autre côté inconnus en eux-mêmes, & qu'il seroit impossible par cette raison de découvrir jusqu'à quel point nos idées pourroient leur ressembler, ou si elles leur ressembleroient même du tout ; il s'ensuit de tout cela que nous ne pourrions dans vos principes être sûrs d'avoir aucune connoissance réelle. De plus, comme nos idées pourroient varier

continuellement , fans qu'il arrivât cependant le moindre changement dans ces êtres
réels que vous prétendriez exifter , & être
différens d'elles, on pourroit encore conclure delà, par une conféquence néceffaire,
que nos idées ne fauroient être toutes à la
fois les vraies copies de ces prétendus êtres ;
& que fi quelques - unes l'étoient , & que
d'autres ne le fuffent pas , il feroit en même-temps impoffible de diftinguer celles-ci
de celles-là ; ce qui nous plongeroit encore
plus profondément dans l'incertitude. Enfin , en confidérant attentivement le point
dont il eft queftion entre vous & moi ,
nous trouverions , ce me femble , que
nous ne faurions concevoir comment une
idée , ou quelque chofe de femblable à
une idée , pourroit avoir une exiftence abfolue hors d'un efprit , ni par conféquent ,
fuivant votre opinion , comment il pourroit
y avoir rien de réel dans la nature ; & le
réfultat néceffaire de tout cela feroit infail-
liblement de nous jetter dans un Scepticifme défefpéré , & abfolument fans remede.

Or, permettez-moi de vous demander ici,
en premier lieu, fi la vraie fource de ce
Scepticifme n'auroit pas confifté en ce que
vous auriez pris pour les originaux de vos
idées certaines fubftances, douées, felon
vous, d'une exiftence abfolue, & que vous
n'auriez cependant pas apperçues ; en fecond lieu, fi vous êtes informé, foit par
les fens, foit par la raifon, de l'exiftence
de ces originaux inconnus, & au cas que
vous n'en foyez point inftruit par l'une de
ces deux voies, s'il n'eft pas abfurde alors
de la fuppofer ; en troifieme lieu, fi après
de mûres réflexions vous trouverez que
vous puiffiez concevoir ou entendre rien
de diftinct par ces mots, *l'exiftence abfolue
ou extérieure de fubftances deftituées de
perception* ; enfin, fi, tout cela confidéré,
le parti le plus fage ne feroit pas de fuivre
la nature, de vous en rapporter à vos fens,
d'abandonner pour toujours les recherches
épineufes où vous vous êtes livré jufqu'ici
fur des fubftances ou des natures inconnues,
& de regarder bonnement avec le vulgaire,

comme des êtres réels, tous ceux que les
fens apperçoivent.

Hylas. Je ne fuis pas maintenant dans le
goût de faire des réponfes. J'aimerois
mieux voir comment vous pourrez vous
tirer de ce que je vais vous dire. Les objets
qui font apperçus par les fens d'une perfonne, ne peuvent-ils pas l'être pareillement par ceux de tous les autres efprits
qui fe trouvent en même-temps préfens
dans le même endroit ? Qu'il y ait ici cent
perfonnes avec nous deux, ne verront-elles
pas toutes cent ce jardin, ces arbres &
ces fleurs, auffi-bien que je les vois ? &
comme elles ne feront pas cependant affec-
tées, de la même maniere que moi, des idées
que je me formerai en même-temps dans
mon imagination, cela n'établit-il pas une
différence entre cette derniere forte d'idées
& la premiere ?

Phil. Je vous l'accorde fans peine ; &
je n'ai jamais nié non plus qu'il n'y eût de
la différence entre les objets des fens, &
ceux de l'imagination. Mais que conclue-

rez-vous delà ? Vous ne prétendriez pas sans doute me prouver que les objets sensibles exiſtent ſans être apperçus, par cette raiſon qu'ils ſont apperçus de pluſieurs perſonnes à la fois ?

Hylas. J'avoue que je ne puis rien faire de cette objection : mais elle me conduit à une autre. N'êtes-vous pas d'avis que nous ne pouvons appercevoir par nos ſens, que les ſeules idées qui exiſtent dans nos eſprits ?

Phil. Oui.

Hylas. Mais la même idée qui eſt dans mon eſprit ne ſauroit être dans le vôtre, ou dans celui de telle autre perſonne que vous voudrez ; & cela poſé, ne s'enſuit-il pas de vos principes, que deux perſonnes différentes ne ſauroient voir un même objet ? Enfin, n'eſt - ce pas là une choſe étrangement abſurde ?

Phil. Si l'on prend le terme *même* dans l'acception vulgaire, il ſera certain alors (& nullement contradictoire aux principes que je défends), que différentes perſonnes pourront appercevoir la même chose, ou que la même chose, ou la même idée, pourra exister en différens esprits. Mais les mots sont d'institution arbitraire ; & puisque les hommes ont coutume d'appliquer le mot *même* dans des occasions où ils ne s'apperçoivent d'aucune diversité, ou d'aucune variété, & que je ne prétends rien changer dans leurs perceptions ; il s'ensuit delà, que comme on a dit ci-devant, *que plusieurs personnes voyoient la même chose*, on pourra continuer toujours de se servir dans des circonstances semblables, des mêmes expressions, & cela sans s'écarter ni de la propriété du langage, ni de la vérité des choses. Mais si l'on prend le terme *même* dans l'acception des Philosophes, lesquels prétendent avoir une notion abstraite de l'identité ; alors, suivant les différentes définitions qu'on en donnera (car ce n'est pas une chose dont on soit encore d'accord, que ce en quoi cette identité philosophique peut consister), il pourra arriver, ou il ne sera point possible que différentes perſonnes apperçoivent une même choſe. Je m'imagine au reſte qu'il importe très-peu, que les Philoſophes jugent ou ne jugent pas à propos d'appeller une choſe la *même*. Suppoſons, par exemple, pluſieurs hommes qui n'aient aucun avantage les uns ſur les autres du côté des facultés naturelles , qui par conſéquent ſoient tous affectés par leurs ſens d'une maniere ſemblable , & qui n'aient d'ailleurs connu encore en aucune ſorte l'uſage du langage ; il ne ſera point douteux que les perceptions des uns ne doivent être conformes à celles des autres. Cependant lorſqu'ils ſeront parvenus les uns & les autres à l'uſage de la parole , il pourra arriver que quelques-uns d'eux, ayant égard à l'uniformité d'une choſe qu'ils auront apperçue en différens temps , la nommeront par cette raiſon *la même* ; & que d'autres faiſant plutôt attention à la diverſité des perſonnes qui l'auront apperçue avec eux, préféreront de lui donner la dénomination de *différentes choſes*. Mais qui

ne voit que la différence ne roulera alors
que sur les mots , puisqu'il ne s'agira en
effet que de savoir si ce qui aura été apperçu
par différentes personnes pourra , nonobs-
tant cela , être appellé du nom *même ?* Supposons encore une maison dont les murs
extérieurs n'aient subi aucun changement ,
tandis que les chambres en auront été
toutes détruites , & qu'on en aura rebâti
de neuves en leur place ; & ajoutons à
cela que vous disiez que c'est la même
maison qu'auparavant , & que je soutienne ,
moi , que ce n'est pas la même. Serons-nous,
je vous prie , moins d'accord pour cela
dans toutes les pensées que nous aurons
l'un & l'autre au sujet de cette maison con-
sidérée dans sa nature propre , & toute la
différence ne consistera-t-elle pas dans un
son ? Que si vous prétendiez que nous diffé-
rerions même en ce cas dans nos notions ,
parce que vous joindriez à l'idée que vous
auriez de la maison l'idée abstraite & simple d'identité , ce que je ne ferois pas de
mon côté ; je vous répondrois alors que

Je ne ſaurois ce que vous entendriez par
cette idée abſtraite d'identité, & je vous
prierois en même-temps d'obſerver avec
ſoin ce qui ſe paſſe dans votre eſprit,
pour découvrir par ce moyen ſi vous le
ſauriez en effet vous-même.... Comment,
Hylas, vous ne dites rien ? Ne ſeriez-vous
donc point encore convaincu que les hommes peuvent diſputer ſur l'identité & la diverſité, ſans qu'il y ait dans leurs penſées
& leurs opinions, abſtraites des mots par
leſquels elles ſont ſignifiées, aucune différence réelle ? Je vais en tout cas vous propoſer une réflexion qui pourroit contribuer
à achever de vous en convaincre : c'eſt que
ſoit que vous attribuiez, ou que vous n'attribuiez pas l'exiſtence à la matiere, cela ne
pourra influer en rien ſur la déciſion de la
queſtion particuliere où nous en ſommes
maintenant. En effet, les Matérialiſtes (entendant par ce mot les partiſans de l'exiſtence de la matiere) reconnoiſſent eux-
mêmes que les choſes que nous appercevons immédiatement par nos ſens, ſont

nos propres idées; & par conséquent votre difficulté, que deux perfonnes ne fauroient appercevoir la même chofe, prouve autant contre eux que contre moi.

Hylas. Oui, *Philonoüs* : mais ceux que vous nommez-là Matérialiftes fuppofent un archétype extérieur; & puifqu'ils y rapportent tous enfemble leurs différentes idées, ils peuvent dire dans le vrai qu'ils apperçoivent tous la même chofe.

Phil. Mais (pour ne point vous rappeller ici que nous avons renvoyé bien loin ces archétypes) n'êtes-vous pas le maître de fuppofer auffi dans mes principes un archétype extérieur, je veux dire, extérieur à votre propre efprit; quoiqu'il doive en même-temps exifter dans l'efprit de celui qui comprend toutes chofes; que rien n'empêche qu'il ne rempliffe alors tous les objets de l'identité, auffi-bien que s'il exiftoit abfolument hors de tout efprit, & que certainement il n'en foit pas pour cela moins intelligible, à s'en rapporter même à votre jugement.

Hylas. Vous m'avez, je l'avoue, prouvé clairement qu'il n'y a aucune difficulté dans le fond de la queſtion particuliere que nous agitons maintenant ; ou que, s'il y en a, elle porte également contre nos deux opinions.

Phil. Or, ce qui porte également contre deux opinions contradictoires, ne ſauroit ſervir de preuve ni à l'une ni à l'autre.

Hylas. Je le reconnois ; mais après tout, en conſidérant bien tout ce que vous me dites contre le Scepticiſme, il me paroît qu'on en peut renfermer le précis dans cette ſeule propoſition, que nous ſommes certains que nous voyons réellement, que nous entendons réellement, que nous ſentons réellement, en un mot, que nous recevons réellement différentes impreſſions ſenſibles.

Phil. Et que nous importe d'en ſavoir davantage ? Je vois cette ceriſe ; je l'apperçois par le tact ; j'y trouve un goût tout à la fois acide & doux, & je ſuis ſûr que le néant ne ſauroit être ni vu, ni touché,

ni

ni goûté : elle est donc réelle. Otez les sensations de mollesse, d'aquosité, de rougeur,
d'acidité mêlée de douceur, & vous ôtez la
cerise, puisque la cerise n'est point un être
distinct de ces sensations. Une cerise, dis-
je, n'est autre chose qu'un assemblage d'impressions sensibles, ou d'idées apperçues
par nos différens sens ; idées que notre
esprit réunit en une même chose, c'est-à-
dire, auxquelles il donné un nom, parce
qu'il a observé qu'elles s'accompagnoient
l'une l'autre, ou qu'il arrivoit dans un
même-temps que le palais fût affecté du
goût particulier d'acidité mêlé de douceur ;
la vue, de la couleur rouge ; le toucher, de
la rondeur, de la mollesse , &c. Delà vient
aussi que lorsque je vois, que je touche
& que je goûte la cerise, je suis assuré par
la combinaison de ces moyens différens
les uns des autres, & tous certains, que la
cerise existe, ou qu'elle est réelle ; attendu
que sa réalité n'est dans mon sentiment
rien d'abstrait des sensations que je reçois
en ce moment. Mais si par le mot *cerise*

L

vous entendez une nature inconnue & diftincte de toutes les qualités fenfibles dont
j'ai parlé, & par fon exiftence, quelque
chofe de diftinct de la qualité d'être apperçu, j'avoue, à la vérité, que ni vous ni
moi, ni perfonne, ne pourront être sûrs
alors que la cerife exifte.

Hylas. Mais que diriez-vous, *Philonoüs*,
fi je rétorquois contre l'exiftence des chofes
fenfibles dans l'efprit, les mêmes raifons
que vous m'avez alléguées pour me prouver que ces chofes n'exiftent point dans un
foutien matériel ?

Phil. Quand j'aurai entendu ce que vous
avez à me dire, je verrai ce que je pourrai
avoir à vous répondre.

Hylas. L'efprit eft-il étendu ou non
étendu ?

Phil. Non étendu, fans doute.

Hylas. Ne dites-vous pas que les chofes
que vous appercevez font dans votre efprit?

Phil. D'accord.

Hylas. Ne m'avez-vous pas parlé, outre
cela, d'impreffions fenfibles ?

Phil. Je n'en difconviens pas.

Hylas. Hé bien, *Philonoüs*, expliquez-moi maintenant comment il peut y avoir dans votre efprit, de la place pour tous ces arbres & toutes ces maifons que vous dites y exifter ? Les chofes étendues peuvent-elles donc être contenues dans celles qui ne le font point ? Ou comment nous imaginer qu'une chofe deftituée de folidité puiffe recevoir des impreffions ? Vous ne pouvez pas me dire que les objets foient dans votre efprit, comme vos Livres font dans votre cabinet, ou que votre efprit reçoive l'impreffion des chofes comme la cire reçoit celle du cachet. Apprenez-moi donc dans quel fens je dois entendre ces expreffions : expliquez-le moi, fi vous pouvez ; & je ferai d'abord après en état de répondre à toutes les queftions que vous m'avez faites fur mon *fubftratum*.

Phil. Prenez garde, *Hylas*, que lorfque je parle de différens objets comme exiftans dans l'entendement, ou comme faifant impreffion fur les fens, il ne faut pas m'entendre dans un fens groffier & littéral, tel que celui qui fe préfente à votre efprit quand on vous dit qu'un corps exifte dans un lieu, ou qu'un cachet a fait une impreffion fur de la cire. Tout ce que je prétends dire par-là, c'eft que notre efprit comprend ou apperçoit ces objets, & qu'en même-temps il eft affecté de dehors ou par quelque être différent de lui-même. Voilà la folution que je donne à votre difficulté ; & je voudrois fort favoir maintenant comment elle pourroit vous fervir à rendre intelligible l'opinion où vous êtes qu'il exifte un foutien de la matiere, deftitué de perceptions ?

Hylas. A la vérité, fi c'eft-là tout ce que vous avez à me dire là-deffus, je ne vois pas quel ufage j'en pourrois faire. Mais n'êtes-vous pas coupable en cette occafion de quelqu'abus de langage ?

Phil. Nullement : je ne dis autre chofe que ce qu'a autorifé l'ufage qui, comme vous favez, eft la regle des langues. Quoi de plus commun que d'entendre les Philo-

ſophes parler des objets immédiats de l'entendement, comme de choſes qui exiſtent
dans l'eſprit? Qu'y a-t-il même en cela qui
ne ſoit conforme à l'analogie générale du
langage, où la plupart des opérations de
l'ame ſont déſignées par des mots emprun-
tés des choſes ſenſibles : c'eſt ce qu'on
voit clairement dans les termes *comprendre*,
réfléchir, *diſcourir* &c., qu'il faut bien ſe
garder de prendre dans leurs ſens primitifs
& groſſiers, lorſqu'on les applique à l'eſprit.

Hylas. Me voilà, je vous l'avoue, convaincu ſur ce point ; mais il me reſte encore une grande difficulté, dont je ne pré-
vois guere que vous puiſſiez vous tirer,
& qui eſt en même-temps d'une telle im-
portance, que quand bien même vous
m'auriez donné des réponſes ſatisfaiſantes
ſur toutes les autres, ce ſeroit néanmoins
en vain que vous vous flatteriez de m'a-
voir pour proſélyte, tant que vous ne
l'auriez pas réſolue.

Phil. Voyons un peu ce que peut être

cette difficulté dont vous faites tant de bruit.

Hylas. Il est, à ce qu'il me semble, absolument impossible de concilier votre sentiment avec la relation que l'Ecriture-Sainte nous fait de la création. Moyse nous parle d'une création : une création de quoi ? d'idées ? Non certainement ; mais de choses, d'êtres réels, de substances solides & corporelles. Faites quadrer vos principes avec cela, & je serai bientôt d'accord avec vous.

Phil. Moyse nous parle de la création du Soleil, de la Lune & des Etoiles, de la Terre & de la Mer, des Plantes & des Animaux. Que toutes ces choses existent réellement, & qu'elles aient été créées par Dieu dans le commencement des temps, c'est ce dont je ne fais pas le moindre doute. Si par des idées, vous entendez des fictions & des visions, toutes ces choses ne sont point alors des idées. Mais si par des idées vous entendez des objets immédiats de l'entendement, qui ne puissent exister sans être apperçus, ou hors de l'esprit, toutes ces chofes font alors autant d'idées. Au refte, il importe peu que vous appelliez ces mêmes chofes des idées, ou que vous ne leur donniez point ce nom. La différence qu'il y auroit dans ces deux fuppofitions, entre votre fentiment & le mien, ne fauroit rouler que fur un fimple mot; & foit que nous admiffions, ou que nous rejettaffions ce mot, le fens, la vérité & la réalité des chofes refteroient toujours les mêmes. Ce ne font point les objets de nos fens qu'on appelle dans le difcours ordinaire *des idées*; ce font les chofes. Continuez, fi vous voulez, à appeller les *chofes* de la forte, pourvu que vous ne leur attribuiez point une exiftence abfolue & extérieure; & je ne vous chicannerai pas fur un mot. Je conviens donc que la création a été une création de chofes ou d'êtres réels; & il n'y a rien là qu'il foit difficile d'accorder avec mes principes. Ce que je viens de vous dire le prouve évidemment; & vous auriez pu vous en convaincre à moins de frais avec la même évidence, fi vous n'aviez

L iv

pas oublié ce que nous avions déjà si souvent répété. Quant aux substances solides & corporelles dont vous me parlez, je vous prie de me montrer quelqu'endroit où Moyse en ait fait la moindre mention; & s'il se trouve que cet Historien sacré ou même quelqu'autre Ecrivain inspiré que ce puisse être, en aient en effet dit la moindre chose, il vous restera encore, après cela, à me faire voir qu'ils n'ont point pris ces mots dans l'acception vulgaire, pour des choses qui tombent sous nos sens, mais qu'ils les ont entendus dans l'acception philosophique, pour une *quiddité* inconnue, douée d'une existence absolue. Ce sera quand vous m'aurez prouvé tous ces chefs, & ce ne sera qu'alors, que vous pourrez vous prévaloir contre moi de l'autorité de Moyse.

Hylas. En vain disputerions-nous sur un sujet si clair. Je veux bien en appeller à votre propre conscience. Avouez la chose. N'êtes-vous pas convaincu qu'il y a une répugnance singuliere entre ce que Moyse nous dit de la création, & votre sentiment?

Phil. Si tous les sens qu'il est possible de donner au premier chapitre de la Genese, peuvent aussi bien s'entendre dans mes principes, que dans toute sorte d'autres, il sera certain alors que la répugnance dont vous me parlez ne sauroit être que chimérique. Or, parmi tous les sens qu'on pourroit donner à ce chapitre, il n'en est aucun que vous ne conceviez, en croyant ce que je crois, aussi bien que dans tout autre système que vous pourriez embrasser. En effet, après les esprits, vous n'appercevez autre chose que des idées ; & je ne nie point l'existence des idées , ni ne prétends qu'elles puissent exister hors d'un esprit.

Hylas. Je vous prie de me montrer une seule interprétation raisonnable que vous puissiez donner au chapitre dont nous parlons.

Phil. Rien de plus aisé que ce que vous me demandez-là. Je m'imagine donc que si j'avois été présent à la création , & que c'eût été sous mes yeux que les choses

L v

euſſent été produites à l'exiſtence, ou qu'elles fuſſent devenues perceptibles, j'aurois vu arriver ce grand événement préciſément dans le même ordre que l'Hiſtorien ſacré nous décrit. J'ai cru juſqu'à préſent fermement à la relation que cet Hiſtorien nous fait de la création; & je ne découvre maintenant aucune altération dans la foi que j'y ai toujours ajoutée. Lorſqu'on nous dit que les choſes commencent ou ceſſent d'être, nous nous gardons bien d'entendre ces expreſſions relativement à Dieu; & nous ne les entendons, au contraire, que relativement aux créatures. Tous les objets ſont connus de Dieu de toute éternité, ou, ce qui eſt la même choſe, ils ont tous une exiſtence éternelle dans ſon eſprit : mais lorſque les choſes, qui avoient été auparavant imperceptibles aux eſprits créés, leur deviennent perceptibles en vertu d'un décret de Dieu, on dit alors, & c'eſt avec raiſon, que ces choſes commencent une exiſtence relative par rapport à ces mêmes eſprits. En liſant donc la relation que Moy-

fe nous a faite de la création, j'entends que
les différentes parties du monde font devenues, par degrés, perceptibles aux efprits
finis doués des facultés d'où dépend la
puiffance d'appercevoir ; de façon que la
préfence de ces efprits a fuffi enfuite pour
qu'elles en fuffent apperçues. C'eft-là le
fens littéral & naturel que préfentent les
mots dont fe fert ici l'Ecriture-Sainte: mots
dans lefquels il n'eft queftion en aucuue
forte ni de *fubftratum* ou de foutien , ni
d'inftrument, ni d'occafion, ni d'exiftence
abfolue. Et fi l'on faifoit là-deffus quelques
recherches , je ne doute point qu'on ne
trouvât que les Gens de meilleure foi &
les plus fenfés, qui croient à la création,
n'ont jamais penfé à tout cela plus que
moi. Quant au fens métaphyfique, dans
lequel vous pouvez entendre ces mêmes
paroles, c'eft à vous à me dire quel il
peut être.

Hylas. Mais, *Philonoüs*, il me femble
que vous ne vous appercevez pas que la
feule exiftence que vous donniez dans le

commencement des temps aux chofes créées, n'eft que relative, & par conféquent qu'hypothétique ; ce qui reviendroit à dire que ces chofes n'ont jamais exifté qu'en vertu de la fuppofition qu'il y eût des hommes pour les appercevoir, & que fans cela elles n'auroient plus eu d'actualité ou d'exiftence abfolue à laquelle leur création eût pu fe terminer. Or cela pofé, ne fuis-je pas fondé à foutenir qu'il doit être, felon vous, abfolument impoffible que la création d'aucune créature inanimée ait précédé celle de l'homme ? & ce fentiment que vous ne pouvez vous empêcher d'adopter, n'eft-il pas d'un autre côté directement contraire à la relation de Moyfe ?

Phil. Pour répondre à cela, je dis en premier lieu, qu'il pourroit y avoir eu des intelligences créées, différentes des hommes, dans les efprits defquelles les chofes fenfibles euffent commencé d'exifter ; & qu'ainfi vous ne fauriez d'abord me montrer aucune contradiction entre ce qu'à dit Moyfe & mon fentiment ; à moins que vous ne me fiffiez voir préalablement qu'il n'y avoit à l'inftant de la création aucun efprit fini & créé différent de l'homme. Et fi, pour nous former une notion de la création, nous imaginions qu'il arrivât dans le moment qu'une puiffance invifible produisît une certaine quantité de plantes ou de végétaux de toute efpece dans un defert où il n'y auroit perfonne de préfent; je dirois en fecond lieu que cette maniere d'expliquer ou de concevoir la création s'accorderoit avec mes principes, puifqu'ils ne nous privent de rien, ni de fenfible, ni d'imaginable ; & j'ajouterois à cela qu'elle conviendroit en même-temps exactement avec les notions communes, natu-relles & non corrompues des hommes ; qu'elle manifefteroit combien toutes chofes font dépendantes de l'Être fuprême ; & qu'en influant en cette forte fur nos mœurs, elle devroit produire le bon effet qu'on peut attendre de la créance de cet important article de notre Foi, je veux dire, celui de rendre les hommes humbles à l'égard de

leur souverain Créateur, & résignés à sa
volonté. Je dirois, enfin, que cette même
maniere de concevoir les choses, en la pré-
nant en elle-même, ou en la dépouillant
des mots qu'on pourroit employer pour
l'énoncer, ne nous offriroit aucune notion
de ce que vous appellez *l'actualité de l'existence absolue.* Vous pourriez, à la vérité,
jetter de la poudre aux yeux avec ces termes, & prolonger ainsi, hors de propos,
notre discussion : mais je vous prie de faire
tranquillement en vous-même des réflexions
là-dessus, & de me dire ensuite si ce ne
feroit pas là un jargon tout-à-fait inutile
& inintelligible ; en un mot, un vrai *per-
sifflage.*

Hylas. J'avoue que je n'y attache pas
une notion bien claire : mais que répondrez-
vous à cette instance ? Ne faites-vous pas
consister l'existence des choses sensibles
dans la qualité d'être dans un esprit ? Et
toutes choses ne sont-elles pas de toute
éternité dans l'esprit de Dieu, & par conséquent ne doivent-elles pas, selon vous,

exifter de toute éternité ? Or , comment une chofe qui eft éternelle, peut-elle avoir été créée dans le temps ? Se peut-il rien de plus clair ou de mieux fuivi que ce que je vous dis-là ?

Phil. Et n'êtes-vous pas , vous auffi , du fentiment que Dieu a connu toutes chofes de toute éternité ?

Hylas. D'accord.

Phil. Toutes chofes ont donc toujours eu un être dans l'entendement divin.

Hylas. Je le reconnois.

Phil. Il n'y a donc , de votre propre aveu, rien de nouveau , ou qui commence à être relativement à l'entendement de Dieu ; & par conféquent nous fommes l'un & l'autre du même avis fur ce point.

Hylas. Que deviendra donc la création ?

Phil. Ne pouvons-nous pas penfer qu'elle a été entièrement relative aux efprits finis , & qu'ainfi les chofes confidérées par rapport à nous peuvent être dites proprement avoir commencé à exifter , ou avoir été créées , lorfque , conféquem-

ment à la volonté de Dieu, elles font devenues perceptibles aux créatures intelli-
gentes, dans l'ordre & de la maniere que
Dieu a réglées de toute éternité, & que
nous appellons maintenant les loix de la
nature. Vous pouvez, fi vous voulez, appeller cette exiftence *relative & hypothétique:*
mais tant qu'elle nous fournira le fens le
plus naturel, le plus fimple & le plus littéral de la relation que Moyfe nous a faite de
la création ; tant qu'elle répondra à toutes
les vues morales que la Religion nous découvre dans ce fait fi important; je dis plus,
tant que vous ne ferez pas en état d'y
fubftituer une autre interprétation, ou
un autre fens, pourquoi rejetterions-nous
ceux-ci ? Seroit-ce pour donner dans ce
goût ou ce caprice ridicule & fceptique,
qui voudroit abfolument rendre toutes les
chofes abfurdes & inintelligibles ? Je fuis
bien fûr au moins que vous ne fauriez
dire que ce feroit pour la plus grande gloire
de Dieu. Car en fuppofant qu'il fût poffible
& concevable que le monde corporel eût

une subsistance absolue, extrinseque à l'entendement de Dieu, aussi bien qu'aux entendemens de tous les esprits créés ; comment cela pourroit-il contribuer à faire éclater ou l'immensité ou la science infinie de la Divinité, ou, enfin, son domaine nécessaire & immédiat sur tous les autres êtres ? Et ne seroit-ce pas-là une chose qui devroit plutôt nous paroître déroger à ces attributs de l'Être suprême ?

Hylas. Fort bien : mais quant à ce décret de Dieu pour rendre les choses perceptibles ; qu'en dites-vous, *Philonoüs* ? N'est-il pas clair qu'il faut opter, ou bien de croire que Dieu l'exécuteroit de toute éternité, ou bien d'avouer que Dieu auroit commencé en un certain temps de vouloir ce qu'il ne vouloit pas actuellement auparavant, mais qu'il résolvoit seulement alors de vouloir. Si vous prenez le premier parti, il ne pourra plus alors y avoir eu de création, ou de commencement d'existence dans les choses finies ; & si c'est au dernier parti que vous vous arrêtiez, il faudra que vous reconnoissiez en ce cas qu'il arrive quelque chose de nouveau à la Divinité ; ce qui emportera que Dieu soit susceptible de quelque sorte de changement ; & vous savez que tout changement suppose une imperfection.

Phil. Faites attention, je vous prie, au peu de justice de la conduite que vous tenez maintenant à mon égard. N'est-il pas évident que cette objection conclut également contre la création prise dans tel sens qu'on voudra, & même contre tout autre acte de la Divinité que les lumieres naturelles puissent nous découvrir, puisque nous n'en pouvons concevoir aucun que comme exécuté dans un temps, & ayant un commencement ? Dieu est un être dont les perfections sont transcendantes & illimitées. Sa nature est donc incompréhensible aux esprits finis ; & par conséquent, en vain s'attendroit-on qu'aucun homme, Matérialiste ou Immatérialiste, pût jamais avoir des notions parfaitement justes de la Divinité, de ses attributs & des voies qu'elle suit dans ses opérations ? Si vous prétendez donc conclure quelque chose contre moi, il faut tirer vos objections, non des notions que nous nous formons l'un & l'autre de la nature Divine, puisque les difficultés que ces notions vous pourroient fournir, seroient inévitables dans tous les systêmes, mais du seul refus que je fais d'admettre l'existence de la matiere, chose dont vous ne m'avez pas dit un seul mot, ni directement, ni indirectement, dans ce que vous venez de m'objecter.

Hylas. Je ne puis m'empêcher de reconnoître que vous n'êtes tenu maintenant à résoudre que les seules difficultés que je puis tirer de la supposition que la matiere n'existe point, ou qui sont particulieres à votre sentiment. Jusque-là vous avez raison : mais je ne saurois non plus en venir à penser qu'il n'y ait point quelque répugnance particuliere entre la création & votre opinion : quoiqu'à la vérité je ne sache pas précisément en quoi je dois la faire consister.

Phil. Que voudriez-vous donc ? ne reconnois-je pas deux états des chofes, l'un Ectype ou naturel, l'autre Archétype & éternel ? Le premier, qui a été créé dans le temps, l'autre qui exifte de toute éternité dans l'efprit de Dieu ; & ce que je dis-là n'eft-il pas conforme au fentiment ordinaire des Théologiens ; ou faut-il quelque chofe de plus pour concevoir la création ? Mais vous foupçonnez, dites-vous, que mon opinion répugne en quelque chofe à cet acte de la Divinité, fans que vous puiffiez en même-temps marquer précifément en quoi. Pour vous ôter toute ombre de fcrupule fur ce fujet, je me contenterai de vous prier de faire attention à ce raifonnement. Ou bien vous ne fauriez concevoir la création dans aucune hypothefe que ce puiffe être ; & fi la chofe eft ainfi, vous ne pouvez être fondé à défapprouver, à cet égard, l'opinion qui m'eft particuliere ; ou bien il eft quelqu'hypothefe où vous pouvez concevoir la création ; & en ce cas pourquoi ne pourriez-vous pas auſſi bien la concevoir dans mes principes, que dans d'autres ; puiſque les miens ne vous enlevént rien de ce que vous concevez, & ne touchent même à rien de tout cela ? Je vous ai toujours laiſſé l'entier uſage de vos ſens, de votre imagination & de votre raiſon. Tout ce que vous pouviez appercevoir auparavant, ſoit immédiatement, ſoit médiatement, ſoit par vos ſens, ſoit par des raiſonnemens fondés ſur leur témoignage, tout ce que vous pouviez concevoir, imaginer ou comprendre, vous reſte donc toujours ; & par conſéquent ſi la notion que vous vous êtes formée dans d'autres principes, de la création, eſt intelligible, vous la conſervez encore dans les miens ; & ſi, au contraire, elle n'eſt pas intelligible, je penſerois dèslors que ce n'étoit point une vraie notion, & qu'ainſi vous n'auriez pas fait une grande perte quand vous l'auriez entiérement abandonnée. En effet, il me paroît trèsclair que la ſuppoſition de lá matiere, c'eſtà-dire, d'une choſe parfaitement inconnue

& inconcevable, ne sauroit servir à vous faire concevoir aucune chose que ce soit; & je me flatte que je n'ai pas besoin de vous prouver que si l'existence de la matiere ne rend pas la création concevable, ce n'est pas une objection à faire contre la non-existence de la matiere, que de dire qu'en la supposant, la création seroit inconcevable.

Hylas. Je confesse, *Philonoüs*, que me voilà presque satisfait sur l'article de la création.

Phil. Je voudrois bien savoir pourquoi vous ne l'êtes pas entiérement? Vous me parlez, à la vérité, d'une répugnance entre le récit que nous fait Moyse & l'Immatérialisme; mais vous ne savez pas en même-temps en quoi elle peut consister. Cela est-il raisonnable, *Hylas* ? pouvez-vous vous attendre que je vous résolve une difficulté, sans que vous m'ayez appris en quoi elle consiste ? Mais, pour passer sur tout cela, ne diroit-on pas que vous êtes bien certain qu'il n'y a aucune répugnance entre l'opinion qu'admettent les Matérialistes & le Texte sacré?

Hylas. Aussi le suis-je.

Phil. Apprenez-moi donc s'il faut entendre la partie historique de l'Ecriture-Sainte dans un sens simple & naturel, ou dans un sens métaphysique & détourné.

Hylas. Dans un sens simple, sans doute.

Phil. Lorsque Moyse parle dans la Genese d'herbes, de terre, d'eau, &c. comme de choses qui ont été créées par Dieu, ne pensez-vous pas que les choses sensibles que ces mots signifient d'ordinaire, doivent se présenter incontinent à l'esprit de tout Lecteur qui ne sera pas prévenu des notions philosophiques?

Hylas. Je ne saurois en disconvenir.

Phil. Et ne faut-il pas, dans les sentimens des Matérialistes, refuser l'existence réelle à toutes les idées ou à toutes les choses que les sens apperçoivent?

Hylas. Je l'ai déjà reconnu.

Phil. La création ne doit donc pas, selon eux, avoir été une création de ces choses fenfibles qui n'ont qu'un être relatif, mais une création de certaines natures inconnues qui dans leurs fentimens font feules douées de l'exiftence abfolue, à laquelle cette action divine a dû fe terminer.

Hylas. Cela eft vrai.

Phil. Et n'eft-il pas par conféquent évident que les Partifans de l'exiftence de la matiere détruifent le fens naturel & évident des paroles de Moyfe, avec lefquelles leur fentiment ne fauroit abfolument s'accorder ; & qu'ils nous donnent, au-lieu de cela, un je ne fais quoi, qui leur eft auffi inintelligible à eux-mêmes qu'il me le paroît à moi ?

Hylas. Je ne puis m'oppofer à cela.

Phil. Moyfe nous parle d'une création : une création de quoi ? de quiddités inconnues ? d'occafions ou de foutiens ? Non certainement, mais de chofes propres à être apperçues par nos fens. Il faut que vous commenciez par accorder cela avec votre opinion, avant que de vous attendre que je puiffe la goûter.

Hylas.

Hylas. Je m'apperçois que vous m'atta-
quez maintenant avec mes propres armes.

Phil. Quant à l'existence absolue, a-t-on
jamais entendu parler d'une notion plus
vuide de sens & plus *creuse* que celle-là?
Ce seroit quelque chose de si abstrait &
de si inintelligible, que vous avez avoué
franchement vous-même n'y pouvoir rien
concevoir , & que bien moins encore
pourriez-vous vous en servir pour expliquer quelqu'autre chose. Mais en vous ac-
cordant qu'il existe de la matiere , & que
la notion de son existence absolue soit aussi
claire que le jour , sera-t-il , pour cela , vrai
de dire qu'on ait jamais pu penser que la
vérité de l'un ou de l'autre de ces deux
faits dût rendre la création plus facile à
croire ? & leur supposition n'a-t-elle pas
fourni, au contraire, aux Athées & aux Infi-
deles de tous les siecles , les argumens les
plus plausibles qu'ils aient jamais employés
contr'elle. Qu'une substance corporelle à
laquelle on supposeroit une existence absolue hors des entendemens des esprits ,

ait pu être produite de rien, & par la pure volonté d'un esprit ; c'est ce qu'on a souvent envisagé comme une chose si contradictoire & si absurde, que non-seulement les plus célébres Philosophes anciens, mais même plusieurs Philosophes modernes & chrétiens, ont inféré delà que la matiere étoit coéternelle avec la Divinité. Rapprochez toutes ces choses les unes des autres, & jugez ensuite vous-même si le Matérialisme dispose les hommes à croire à la création.

Hylas. Je vous avoue, *Philonoüs*, que je pense que non. Cette objection que j'ai tirée de la création, étoit la derniere qui se fût présentée à moi ; & je ne puis disconvenir que vous n'y ayez suffisamment répondu, aussi-bien qu'aux autres. Il ne reste donc plus rien à vaincre en moi, qu'une espece de répugnance que j'y trouve à me prêter à votre opinion, & dont je ne saurois en même-temps rendre raison.

Phil. Quand un homme se sent comme forcé, sans savoir néanmoins pourquoi, à rester d'un certain parti, on ne saurot alors attribuer une pareille difposition à rien autre qu'aux préjugés que les opinions anciennes, qui ont jetté de profondes racines dans fon efprit, ne peuvent avoir manqué d'y laiffer ; & je ne puis vous nier en effet, qu'à s'en rapporter aux perfonnes qui ont été élevées dans l'étude des Lettres, l'opinion qui admet l'exiftence de la matiere, n'ait à cet égard beaucoup d'avantages fur le fentiment oppofé.

Hylas. Je ne vous cache point que cela me paroît ainfi.

Phil. Pour contrepefer des préjugés fi forts, mettons de l'autre côté de la balance les grands avantages que nous offre l'Immatérialifme, foit à l'envifager par rapport à la Religion, foit à le regarder avec des yeux philofophes. L'exiftence de Dieu, & l'immortalité de l'ame, ces deux grands points de la Religion, ne font-ils pas démontrés dans ce fentiment avec la plus grande clarté, & l'évidence la plus immédiate. Quand je dis l'exiftence de Dieu, je n'entends pas celle d'une caufe obfcure

& générale des choses, de laquelle nous n'avions point de notion ; mais de Dieu dans le sens étroit & propre du mot ; d'un être dont la spiritualité, la présence partout, la providence, la science sans bornes, la puissance & la bonté infinie, sont aussi faciles à appercevoir que l'existence des choses sensibles, de laquelle (malgré les faux-fuyans, les prétentions illusoires & les scrupules affectés des Sceptiques) il n'y a pas plus de raison de douter que de notre propre être. Et relativement aux sciences humaines, dans combien d'embarras, dans combien d'obscurités & de contradictions l'opinion de l'existence absolue de la matiere n'a-t-elle pas jetté les hommes ? Pour ne rien dire ici des disputes sans nombre qu'on a formées sur son étendue, sur sa continuité, sur son homogénité, sur sa gravité, sur sa divisibilité, &c., ne prétend-on pas expliquer toutes choses par des corps qui opéreroient sur des corps, sans qu'on ait néanmoins pu comprendre jusqu'ici comment un corps pourroit en mouvoir

un autre. Quand même on admettroit qu'il
n'y eût point de difficulté à accorder la
notion d'un être auquel conviendroit l'i-
nertie avec celle d'une cause, ou à concevoir comment un accident pourroit passer
d'un corps dans un autre, seroit-il néanmoins vrai de dire qu'avec toutes ces pensées bizarres, & toutes ces suppositions for-
cées, on eût pu encore pousser les productions
mécaniques jusqu'à en tirer aucun animal
ou aucun végétal ; qu'on eût expliqué par
les loix du mouvement, les sons, les goûts,
les odeurs ou les couleurs, ou le cours réglé
des choses ; en un mot, qu'on eût jusqu'à
présent rendu raison, par des principes phy-
siques, de la disposition & de l'artifice des
parties, même les moins considérables de
l'Univers ? Et en supposant, au contraire,
qu'on abandonne la matiere & les causes
corporelles, & qu'on se contente d'admettre
au lieu de cela, la seule efficacité d'un esprit
souverainement parfait, tous les effets de
la nature ne recevront-ils pas dès-lors une
explication aisée & intelligible. Si les phé-

M iij

nomenes ne font autre chofe que des idées; auffi Dieu eft-il un efprit , & la matiere un être deftitué d'intelligence & de perception. Si les phénomenes nous montrent une puiffance infinie dans leur caufe; auffi Dieu eft-il actif & tout-puiffant , & la matiere une maffe où l'on ne découvre que de l'inertie. Si l'on ne peut affez admirer l'ordre, la régularité & les ufages de ces mêmes phénomenes ; auffi Dieu eft-il un être infiniment fage , dont la providence s'étend à tout; au-lieu que nous n'apperce-vons dans la matiere ni adreffe ni deffein. Voilà fûrement de grands avantages dans la Phyfique ; pour ne point ajouter ici que la notion d'une divinité éloignée difpofe naturellement les hommes à la négligence dans leurs actions morales , actions aux-quelles ils feroient au contraire attentifs, s'ils regardoient Dieu comme immédiate-ment préfent, & comme agiffant fur leurs efprits fans l'interpofition de la matiere, ou plus généralement de caufes fecondes deftituées de la penfée. En Métaphyfique,

que de difficultés sur l'entité abstraite, sur les formes substantielles, sur les principes hylarchiques, sur les natures plastiques, sur le principe d'individuation, sur l'origine des idées, sur la maniere dont deux substances indépendantes l'une de l'autre, & aussi prodigieusement différentes l'une de l'autre, que l'esprit de l'homme & la matiere, opéreroient mutuellement l'une sur l'autre ; que de difficultés, dis-je, & de recherches sans fin sur tous ces points & sur une infinité d'autres semblables, disparoîtroient à jamais, en ne supposant que des esprits & des idées. Il n'y a pas même jusqu'aux Mathématiques qui ne devinssent beaucoup plus claires & beaucoup plus faciles, si l'on renonçoit à l'existence absolue des choses sensibles ; car les spéculations les plus épineuses, & les paradoxes les plus choquans qu'on rencontre dans ces sciences, dépendent tous de la divisibilité infinie de l'étendue finie, laquelle dépend elle-même de cette supposition. Mais qu'est-il besoin d'insister ici sur cha-

que science en particulier ? La contradiction
générale de toutes les sciences, je veux dire,
l'extravagance des Sceptiques anciens &
modernes, ne s'appuie-t-elle pas aussi sur
ce principe, que la réalité des choses corporelles consiste dans une existence extérieure & absolue ? ou plutôt, pourriez-vous
produire un seul argument des Sceptiques
contre la réalité des choses corporelles, ou,
ce qui reviendroit au même, en faveur de
cette ignorance profonde & reconnue, où
ces Philosophes prétendent que nous sommes à l'égard de la nature de ces choses, qui
ne portât sur ce fondement. C'est dans cette
hypothese que les objections qu'on tire des
couleurs changeantes que nous offre la gor-
ge du Pigeon, ou de l'apparence de rupture
que nous appercevons dans la rame plongée
dans l'eau, ont véritablement de la force ;
au-lieu que ces mêmes objections, & toutes
les autres semblables, s'évanouiroient bien
vîte, si, renonçant à défendre l'existence
des modeles absolus & extérieurs, nous
ne faisions consister la réalité des choses

que dans des idées, changeantes & variables, à la vérité, mais qui ne changeroient
pas non plus au hasard, & dont les variations seroient au contraire réglées, conformément à l'ordre fixe de la nature. En effet,
c'est uniquement en cela que consistent cette
constance & cette vérité des choses, qui
assurent tous les intérêts de notre vie, & qui
distinguent ce que nous nommons réel, des
visions déréglées de l'imagination.

Hylas. Je conviens de tout ce que vous
me dites-là; & je suis en même-temps
obligé de vous avouer que rien n'est plus
capable de m'engager à embrasser votre
opinion, que les avantages que je vois y être
attachés. Je suis naturellement paresseux;
& elle offre de grands abrégés en fait de
connoissances. Que de doutes, que d'hypotheses, que de labyrinthes propres à arrêter l'esprit, quel vaste champ de disputes,
quel océan de fausse littérature ne peut-
on pas éviter, en adoptant l'Immatérialisme ?

Phil. Penseriez-vous, au reste, qu'il pût

encore m'être échappé quelque chose de ce qu'il y auroit eu à vous dire pour vous persuader ? Vous pouvez vous rappeller que vous m'avez promis de vous en tenir à celui de nos deux sentimens, qui après un mûr examen, vous paroîtroit le plus conforme au bon sens, & le plus éloigné du Scepticisme. Tel est, de votre propre aveu, celui qui nie la matiere & l'existence des choses corporelles. Ce n'est pas tout ; je vous l'ai prouvé de différentes manieres ; je vous l'ai fait envisager sous différens points de vue ; je l'ai suivi dans ses conséquences, & j'ai répondu à toutes les objections que vous avez pu lui opposer. La vérité seroit-elle susceptible d'un plus grand degré d'évidence ? ou seroit-il possible qu'une opinion réunît tous les caracteres de la vérité, & qu'elle fût fausse malgré cela ?

Hylas. Je confesse que je suis enfin satisfait à tous égards ; mais quelle sûreté puis-je avoir que je continuerai toujours dans cette même adhésion entiere à votre séntiment, & qu'il ne se présentera pas à moi, dans la suite, quelque objection ou quelque difficulté imprévue ?

Phil. Je vous prie, *Hylas*, s'il arrive en d'autres occasions qu'on vous ait prouvé évidemment une proposition, les objections auxquelles cette proposition peut être d'ailleurs sujette, sont-elles capables de vous arrêter ? Les difficultés qu'on rencontre dans la théorie des quantités incommensurables, de l'angle de contact, des assymptotes des courbes, ou dans d'autres sujéts semblables, suffisent-elles, par exemple, pour vous faire défier des démonstrations mathématiques ? ou refusez-vous de croire à la Providence de Dieu, parce qu'il peut y avoir différentes choses particulieres, que vous ne sauriez accorder avec cet attribut de l'Être suprême ? Si l'Immatérialisme est sujét à des difficultés, je vous ai donné, d'un autre côté, des preuves directes & évidentes de ce séntiment : mais quant à l'existence de la matiere, on n'en peut apporter une seule preuve, & elle est d'ailleurs sujette à

M vj.

des objections beaucoup plus nombreuses & tout-à-fait insurmontables. En quoi consisteroient, au reste, ces difficultés si fortes, sur lesquelles vous insistez ? vous ne savez ni où elles se trouveroient, ni ce qu'elles pourroient être. Ce seroient, dites-vous, des choses qui pourroient se présenter dans la suite à votre esprit. En vérité, si un tel prétexte peut suffire pour vous faire suspendre en effet votre acquiescement, vous ne le donnerez jamais à aucune proposition, quelque peu sujette à exception qu'elle puisse être, quelque clairement & quelque solidement qu'elle ait été démontrée.

Hylas. Vous m'avez convaincu, *Philonoüs.*

Phil. Pour vous mieux armer contre les objections qui pourroient se présenter de nouveau à votre esprit, je vous prierai seulement de faire attention que ce qui porte également contre deux opinions contradictoires, ne sauroit servir de preuve ni à l'une ni à l'autre. S'il s'offre donc à vous quelque difficulté, commencez par exami-

ner si vous pouvez en trouver la solution
dans l'hypothese des Matérialistes. Ayez
attention, dans cette recherche , à ne vous
point laisser abuser par les mots : interrogez
plutôt vos propres pensées ; & au cas que
vous ne puissiez concevoir plus aisément
par le secours du Matérialisme, la chose dont
il sera question , il est évident qu'elle ne
pourra alors servir d'objection contre l'Immatérialisme. Si vous aviez suivi cette regle
durant cet Entretien , vous vous seriez vraisemblablement épargné la peine de m'objecter bien des choses ; puisque je puis
mettre en fait, que de toutes vos difficultés,
vous n'en sauriez montrer une seule qu'on
puisse résoudre par le secours de la matiere,
ou qui ne soit pas même moins intelligible
dans la supposition de l'existence de la
matiere , que dans la supposition contraire ,
& qui par conséquent ne fasse plutôt *contre*
que *pour*. Il faudra donc observer avec soin,
à chaque occasion , si la difficulté provient
de la supposition que la matiere n'existe
point ; car si elle ne vient pas de là , vous

ne sauriez non plus vous en prévaloir
contre l'Immatérialisme , que vous ne
pourriez faire usage de la divisibilité infinie
de l'étendue contre la préscience divine ;
& je crois cependant qu'en vous rappellant tout ce que nous avons dit jusqu'à
présent , vous vous appercevrez sans peine
que nous nous sommes trouvés souvent ,
sinon toujours , dans le cas dont je viens
de faire mention. Il vous faudra encore
prendre garde à ne point tomber dans le
sophisme qu'on appelle *pétition de principe*. Nous sommes, à la vérité, plus portés
à regarder des substances inconnues comme
des choses réelles , qu'à regarder les idées
que nous avons dans nos esprits , de cette
même maniere. Mais qui oseroit dire pour
cela que des substances extérieures à nous ,
& destituées de la pensée , pussent con-
courir comme causes ou instrumens dans
la production de nos idées ? Ne seroit-ce
pas-là partir de la supposition qu'il existeroit de telles substances extérieures à nous ?
Et partir en effet delà , ne seroit-ce pas

ſuppoſer ce qui eſt en queſtion ? Soyez ſur-tout attentif à ne vous en point laiſſer impoſer par cet autre ſophiſme ſi commun, qu'on nomme *ignorance de la queſtion.* Vous avez paru ſouvent, dans le cours de notre converſation, croire que je ſoutenois que les choſes ſenſibles n'exiſtoient point ; au-lieu que dans le vrai, perſonne ne peut être plus certain que je le ſuis de leur exiſtence, & que c'eſt vous qui en doutez ; j'aurois dû dire, qui la niez poſitivement. Chaque choſe qu'on voit, qu'on touche, qu'on entend, en un mot, qu'on apperçoit par les ſens, de quelque maniere que ce puiſſe être, eſt véritablement un être réel dans les principes que j'embraſſe, & au contraire, n'en eſt pas un dans les vôtres. Souvenez-vous que la matiere que vous prétendez exiſter, ſeroit quelque choſe d'inconnu, ſi même on peut-appeller quelque choſe, ce qui ſeroit entiérement dépouillé de toutes les qualités ſenſibles, & qui non-ſeulement ne ſauroit être apperçu par les ſens, mais ne pourroit même être conçu par l'esprit. Rappellez-vous, dis-je, que ce ne seroit un objet ni dur, ni mol, ni chaud, ni froid, ni bleu, ni blanc, ni rond, ni quarré, &c. Car de pareils objets sont autant de choses pour l'exiftence desquelles je me déclare; quoique je nie, à la vérité, qu'elles aient une exiftence différente de la qualité d'être apperçues, ou qu'elles exiftent hors de tous les efprits, quels qu'ils puiffent être. Penfez à tous ces chefs : faites-y mûrement attention : autrement vous ne comprendriez jamais l'état de la queftion; & moyennant cela, vos objections ne porteroient point du tout au but, & elles pourroient même fervir, comme il nous eft arrivé plus d'une fois, à ceux qui foutiendroient contre vous ma propre opinion.

Hylas. Je fuis obligé d'avouer que rien ne m'a plus empêché d'entrer plutôt dans votre fentiment, que d'avoir ainfi pris le change fur la queftion. J'étois tenté d'abord de m'imaginer qu'en niant la matiere, vous niiez les chofes que vous voyez & que vous

touchiez : mais la réflexion m'a fait comprendre qu'il n'y a pas de fondement à cela.
Que penseriez-vous donc d'un expédient
qui me vient dans l'efprit ? Ce feroit de
retenir le mot *matiere*, & de l'appliquer
aux chofes fenfibles. On pourroit le faire
fans qu'il en réfultât aucune altération dans
vos fentimens ; &, croyez-moi, ce feroit
le moyen de les rendre du goût de bien
des perfonnes, qui fe choquent plus de la
nouveauté des mots, que des innovations
dans les fentimens mêmes.

Phil. A la bonne-heure, retenez, fi vous
voulez, le mot *matiere*, & appliquez-le,
fi vous le jugez encore à propos, aux objets
des fens ; pourvu toutefois que vous ne lui
attribuiez aucune fubfiftance diftincte de la
qualité d'être apperçu. Je ne prétends point
avoir de querelle avec vous pour une expreffion. *La matiere* ou *la fubftance matérielle* font des termes que les Philofophes
ont introduits ; &, à les prendre dans l'acception, fuivant laquelle les Philofophes
les emploient, ils emportent une efpece

d'indépendance, ou une subsistance distincte de la qualité d'être apperçu par un
esprit. Quant au peuple, ou il ne s'en sert
jamais, ou s'il s'en sert quelquefois, c'est
pour signifier d'une maniere générale les
objets immédiats des sens. C'est donc une
chose certaine que tant qu'on se rappellera
les choses particulieres, signifiées par les
différens noms propres ou collectifs, ainsi
que le sens des termes généraux *substance*,
sensible, *corps*, *chose*, & d'autres semblables, on ne prendra jamais mal dans le
discours ordinaire le sens du mot *matiere*.
Mais il semble en même-temps qu'il n'y
auroit rien de mieux à faire que d'abandonner entiérement ce mot dans le discours
philosophique; puisqu'on peut dire qu'il
n'est aucune chose qui ait plus favorisé &
fortifié le malheureux penchant de l'esprit
de l'homme vers l'Athéisme, que l'usage
d'un terme si général & si confus.

Hylas. Soit : mais, *Philonoüs*, puisque
je ne fais point de difficulté de me défaire
entiérement de la notion d'une substance

deſtituée de la penſée, & extérieure à tout
eſprit, je ne penſe pas que vous puiſſiez,
de votre côté, me refuſer le privilége de me
ſervir à mon gré du mot *matiere*, & de
l'attacher à une collection de qualités ſenſibles, qui ne ſubſiſtent ſeulement que dans
l'eſprit. J'avoue franchement qu'il n'y a,
dans un ſens étroit, d'autres ſubſtances que
des eſprits ; mais je ſuis accoutumé depuis
ſi long-temps au mot *matiere*, que je ne
ſais comment m'en détacher. C'eſt toujours
une choſe choquante pour moi, que de
dire, *il n'y a point de matiere dans le mon-*
de ; au-lieu que je dis ſans peine, *il n'y a*
point de matiere, ſi par ce mot on entend
une ſubſtance deſtituée de la penſée, & exiſ-
tante hors de l'eſprit ; mais il y a de la
matiere, ſi on entend par ce mot quelque
choſe de ſenſible, dont l'exiſtence conſiſte
à être apperçu. Cette diſtinction donne un
tour tout différent à votre ſentiment ; & on
n'aura que fort peu de peine à ſe ranger
de votre opinion, lorſqu'elle ſera propoſée
de cette maniere ; car après tout, la diſpute

fur la *matiere*, dans l'acception étroite de ce mot, ne roule uniquement qu'entre vous & les Philofophes, dont je reconnois que les principes ne font, à beaucoup près, ni fi naturels, ni fi conformes, foit à la maniere ordinaire de penfer des hommes, foit à l'Ecriture-Sainte, que les vôtres. Ce que nous defirons, ou que nous évitons, fe réduit à ce qui fait, ou ce que nous imaginons pouvoir faire quelque partie de notre bonheur, ou de nos peines. Mais qu'ont à faire le bonheur ou les peines, la joie ou la triftefle, le plaifir ou la douleur, avec l'exiftence abfolue, ou avec des entités inconnues, abftraites de toutes relations à notre propre être. Il eft, dis-je, évident que les chofes ne fe rapportent à nous qu'autant qu'elles peuvent nous être agréables ou défagréables ; ce qui ne fauroit arriver qu'autant que nous les appercevons. Hors de cette circonftance, elles ne nous intéreffent donc plus, & nous n'y faifons aucune attention. Il y a, au refte, quelque chofe de neuf dans votre opinion. Je fens

clairement que je ne fuis maintenant ni de
l'avis des Philofophes, ni même tout-à-fait
de celui du vulgaire ; & je voudrois fort
favoir quel eft au jufte l'état où je me
trouve à cet égard ; c'eft-à-dire, que vous
me difiez précifément, ou ce que vous avez
ajouté aux notions dont j'étois ancienne-
ment imbu, ou ce que vous en avez re-
tranché, ou ce que vous y avez changé.

Phil. Je ne prétends point au titre d'Auteur de nouveaux fentimens. Tout ce que
j'ai tâché de faire dans nos Entretiens, ç'a
été de réunir, pour ainfi dire, & de mettre
en même-temps dans un plus grand jour,
des vérités peu claires qui avoient été jufqu'ici comme partagées entre le vulgaire
& les Philofophes. Le vulgaire penfe que
les chofes qu'il apperçoit immédiatement
font les chofes réelles, & les Philofophes
foutiennent que les chofes qu'on apperçoit
immédiatement, font des idées qui n'exiftent que dans l'efprit. Joignez enfemble
ces deux fentimens, & la conclufion que
vous pourrez tirer de leur réunion, vous

fournira la fubftance de ce que j'avance.

Hylas. J'ai été long-temps à me défier de mes fens. Il me paroiffoit que je ne voyois les chofes qu'à l'aide d'une lumiere trouble & à travers d'un verre trompeur. Le verre eft maintenant écarté, & un nouveau jour a luit dans mon entendement. Je fuis pleinement convaincu que je vois les chofes dans leurs propres formes ; & je ne me mets plus en peine ni de leur nature inconnue, ni de leur exiftence abfolue. Tel eft, dis-je, l'état où je me trouve maintenant : mais j'avoue en même-temps que je ne comprends pas bien encore par quelle route vous avez pu m'y conduire. Vous êtes parti des mêmes principes que les *Académiciens*, les *Cartéfiens* & d'autres fectes femblables ont coutume de pofer : on auroit dit même, pendant long-temps, que vous prétendiez mettre en avant leur Scepticifme philofophique ; & il fe trouve néanmoins à la fin que vos conclufions font directement oppofées aux leurs.

Phil. Regardez, *Hylas*, l'eau qui jaillit

du jet que voilà. Elle s'éleve en colonne
jufqu'à une certaine hauteur, où elle fe
brife enfuite pour retomber dans le baffin
d'où elle étoit d'abord partie ; & fon éléva-
tion, ainfi que fa chûte, proviennent l'une
& l'autre du même principe, ou de la
même loi uniforme de la gravitation. C'eft
ce qui nous eft arrivé dans le fujet que
nous venons de difcuter. Les mêmes principes, qui du premier coup-d'œil, paroiffoient nous conduire au Scepticifme, nous
ont ramenés, après que nous les avons eu
fuivis jufqu'à un certain point, aux notions
ordinaires, que fuggére le fimple bon fens.

F I N.